예술+사회과학 융합교육

미술관 옆
사회교실

예술+사회과학 융합교육

미술관 옆
사회교실

이두현 · 김순영 · 권미혜 · 태지원 · 전혜인 · 강주연 · 임선린 지음
전국사회과교과연구회 · 전국창체교사모임 감수

살림Friends

이 책을 읽는 독자에게

'사랑을 그린 화가' 마르크 샤갈, 세상을 따뜻하게 본 그의 로맨틱한 작품에 푹 빠져 봅니다. 작품 속에 가득 찬 푸른색과 빨간색이 사랑으로 가득 찹니다.

하지만 그가 러시아 출신이며 프랑스에서 살면서 평생 러시아를 그리워한 유대인이라는 것을 사람들은 잘 모릅니다. 또한 그의 작품 속에서 푸른색은 자유를 상징하며 유태인으로서 종교적 숭배를 나타낸다는 점, 빨간색은 유태인에 대한 형제애와 땅을 상징한다는 점도 잘 모릅니다.

저는 그래서 가끔 작가의 삶을 머릿속으로 직접 그려 보곤 합니다. 그럴수록 작품의 매력에 더 빠져들고 그 작품이 말하고자 하는 바가 무엇인지 더 정확히 알 수 있기 때문입니다.

몇 년 전 수업 시간에 고흐의 작품을 보여 준 적이 있습니다. 아이들은 사회 시간에 등장한 그림을 보고 의아한 표정이었지만 저는 계획대로 고흐의 삶과 그 시대의 배경과 사회적 여건을 함께 설명하며 수업을 이어 갔습니다. 전혀 새로운 방법으로 강의를 진행하는 동안 학생들의 얼굴을 살펴 보았습니다. 호기심 가득한 눈을 반짝이며 제 말에 집중하는, 진지한 모습이었습니다. 그래서 오랫동안 연구한 자료들을 모아 책으로 내자는 결심을 했습니다. 열정적인 여러 선생님들께서 함께 참여하셨고, 여러 번 주제를 변경하고 내용을 수정하면서 지금의 체계를 구성하게 되었습니다. 작품에 어떠한 의미를 부여한다는 것은 매우 어려운 일입니다. 더 나아가 미술 작품의 배경만을 설명하는 것이 아니라 융합적인 시각으로 바라볼 수 있게 만든다는 것은 더 어려운 일입니다.

이를 위해 다음과 같은 고민을 하며 이 책을 만들었습니다.

첫째, 독자들이 관심을 가질 만한 작가와 작품을 선정하고 이를 통해 창의적인 주제를 만들었습니다.

둘째, 미술 작품 속에 숨겨진 인문학적·사회과학적·자연과학적 지식까지 함께 전달해 청소년들이 하나의 개체를 보면서도 다양한 정보를 융합하여 사고할 수 있도록 도왔습니다.

셋째, 단순히 학술적인 내용 구성에만 치우쳐 서술하는 것을 지양하고, 독자들이 쉽게 이해하고 다가갈 수 있도록 흥미로운 주제들로 내용을 구성했습니다.

작품 하나하나에 지리적·역사적·경제적 의미를 부여하고 해석하여 쉽게 읽을 수 있도록 글을 썼습니다. 특히 현지 사회과 선생님들의 눈으로 새롭게 분석하고 연구한 내용은 책을 읽는 내내 호기심을 키워 줄 것입니다.

이 책을 다양하게 활용할 수 있도록 많은 노력을 했습니다. 단순히 지리,

역사, 일반사회 등 사회과 선생님이 수업에 활용할 수 있는 사회과 교재의 성격뿐만 아니라 모든 교과에서 함께 고민해 볼 수 있는 융합인재교육 도서의 성격도 가지고 있습니다.

　마지막으로 이 책을 출간하는 데 있어서 교사의 열정을 높이 사고 도움을 주신 살림출판사 대표님을 비롯하여 처음부터 끝까지 편집을 맡아서 꼼꼼히 챙겨 주시고 말끔하게 편집해 주신 이남경 팀장님께 감사드립니다. 그리고 책 출간에 용기를 불어넣어 응원해 주신 모든 선생님께도 감사드립니다.

저자 대표 이두현

Vincent
van Gogh

1교시

고흐와 함께 걷는
19세기 프로방스 산책

고흐는 네덜란드 출신으로 프랑스에서 활약한 화가이다. 그루트 준데르트에서 출생하여 프
랑스의 오베르 쉬르 우아즈에서 사망했다. 목사의 아들로 태어나, 1869~1876년 구필 화랑
의 헤이그, 런던, 파리 지점에서, 조수로 일했다. 이후 영국에서 학교교사를 거쳐, 벨기에의
보리나주 탄광에서 전도사로 일하다가, 1880년 화가에 뜻을 두었다. 그때까지 짝사랑에 그
친 몇 번의 연애를 하기도 했다. 1885년까지 주로 부친의 재임지인 누넨에서 제작활동을 했
다. 당시의 『감자를 먹는 사람들』(1885 암스테르담, 반 고흐 미술관)은 그의 대표작이 되었다.

Vincent
v a n
Gogh

　　빈센트 반 고흐는 네덜란드 출신이지만 프랑스에서 주로 활동했으며 렘브란트 이래 가장 위대한 네덜란드의 화가로서 '태양의 화가'로 불린다. '고흐의 노란색'으로도 불리는 그 특별한 태양의 색이 우리의 마음을 움직이게 하는 이유는 어둠과 고통을 헤치며 살아야 했던 고흐의 파란만장한 삶에 있을 것이다.

　　고흐는 1853년 3월 30일 네덜란드의 그루트 준데르트^{Groot Zundert}라

그림 1-1 빈센트 반 고흐, 〈자화상〉, 1887년, 오르세 미술관.

는 작은 마을에서 목사의 6남매 중 맏아들로 태어나 행복한 유년시절을 보냈다. 열여섯 살 때 화랑의 사원으로 일하게 되면서 그림을 접하게 되었고 이것이 그의 인생을 바꾸어 놓았다. 동생 테오와 함께 화가로 활동하다가 서른일곱이라는 젊은 나이에 생을 마감하게 된다. 20대 후반이 되어서야 미술에 입문한 그는 불과 10년이라는 짧은 기간 동안 후대 사람들을 감탄시킨 수많은 작품을 남겼다.

시련이 만들어 낸 작품 세계

〈감자 먹는 사람들The potato eaters〉은 우리가 익히 알고 있는 고흐의 그림과는 많이 다르다. 어두운 배경 속 사람들은 노동에 지친 듯하고 표정은 어둡다. 초창기 고흐의 그림 주제는 한마디로 말해 '가난'이었는데 주위에 있는 평범한 사람들을 대상으로 삶의 단면을 그려내고자 했다. 특히 이 그림은 목사였던 아버지가 세상을 떠난 후 완성한 작품이면서도 그를 진정한 화가의 반열에 오르게 해 준 최초의 작품이라 의미가 있다.

힘든 하루 일과를 마치고 둘러앉은 농부들의 저녁식사 자리. 사람

그림1−2 빈센트 반 고흐, 〈감자 먹는 사람들〉 1885년, 반 고흐 미술관.

들은 거칠고 투박하며, 차려진 음식 또한 감자와 차 한 잔뿐이어서 단출하기 그지없다. 고흐는 그들의 정직하고 진실한 모습을 그림에 담고 싶어 했으며 동생 테오에게 보내는 편지에서 "나는 램프 불빛 아래서 감자를 먹고 있는 사람들이 접시로 내밀고 있는 손, 자신을 닮은 바로 그 손으로 땅을 팠다는 점을 보여 주려 했다."라고 썼다.

스스로 최고의 작품으로 꼽은 이 그림을 그린 이후 고흐는 조금씩 달라지기 시작했다. 네덜란드부터 런던, 파리, 벨기에 등 여러 지역을 옮겨 다녔던 그는 다채로운 경험을 했지만 점점 어둠 속에 빠져들어 가는 상태였기 때문이다. 사실 1873년 런던의 화랑에서 일을 하면서도 미술품 거래를 좋아하지 않았고, 실연까지 당하면서 마음의 혼돈과 어두움은 더 커져 그림까지 그만두려 했다. 하지만 1876년 파리의 구필 화랑 Goupil Maison에서 일하면서 렘브란트, 밀레 등의 작품을 좋아하게 되었고, 그의 예술성도 폭발하게 된다.

또한 신앙심이 깊었던 고흐는, 1878년 벨기에 브뤼셀에서 목사 수업을 받고 한 탄광마을로 들어가 가난한 사람들을 돌보면서 선교에 전념하기도 했다. 그러나 너무 진보적이고 과격한 성격에 사람들과 어울리지 못했고 결국 목사의 길을 포기하고 화가가 되기로 결심했다. 신기한 점은 삶이 절망적일수록 그는 미술 작품 세계에 더욱 깊숙이 빠져들게 되었고 이러한 상황이 예술가로서의 길을 열어 주었다는 것이다.

고흐는 1886년부터 동생 테오가 살고 있던 파리에서 활동하기 시작했는데 몇몇 작품을 그린 후 조금씩 파리 생활에도 염증을 느끼게

그림1-3 빈센트 반 고흐, 〈노란 집〉, 1888년, 반 고흐 미술관. 화가들의 공동체를 꿈꾸며 프랑스 남부의 아를로 내려간 빈센트 반 고흐가 세 들어 살았던 라마르탱 광장의 노란 집을 그린 작품.

되었다. 오랫동안 이곳저곳을 옮겨 다녔던 그가 그리워한 것은 바로 인간 본연의 욕구인, 고향에 대한 향수였다. 무엇보다 '태양'은 그리움의 대상이 된다. 그래서 1888년 프로방스의 지역을 대표할 수 있는 '아를Arles'로 여행을 떠난다. 아를에 정착하여 그린 〈해바라기Sunflowers〉, 〈별이 빛나는 밤The Starry Night〉 등은 시대를 뛰어넘어 많은 사람들의 사랑을 받고 있다. 하지만 아를에서 2년도 채 되지 않아 적응에 실패하고 1890년 다시 파리 근교의 오베르로 옮겨 생을 마감한다.

└ 내면을 담은 작품

고흐는 해바라기와 자화상을 많이 그린 화가로 유명하다. 화가라면 한 번쯤 자화상을 그리기 마련이지만 고흐는 10년 동안 40점 이상 그렸다.

스스로 인물 화가라고도 했던 고흐가, 다른 사람보다 자기 자신을 자주 그렸던 이유는 선뜻 그의 모델이 되겠다고 나서는 사람이 없었기 때문이다. 〈그림 1-4〉의 자화상에서 고흐는 양복은 입고 있지만 수척해 보인다. 물결치는 듯한 머리와 수염, 아라베스크 모양의 배경과 달리 경직된 모습은 그가 얼마나 고통 속에 있었던가를 대변해 준다.

그가 그리워한 태양에 대한 집념은 해바라기를 통해 표현하고 있다. 자신의 내면적 원형이자 자신의 상징

그림 1-4 빈센트 반 고흐, 〈자화상〉 1889년, 오르세 미술관 소장.

그림 1-5 빈센트 반 고흐, 〈해바라기〉, 1889년, 반 고흐 미술관.

그림 1-6 빈센트 반 고흐, 〈해바라기〉, 1887년, 메트로폴리탄 미술관.

과도 같은 것이 해바라기이다. 1886년부터 그리기 시작한 해바라기 그림은 처음에는 두 송이에서 시작하다가 네 송이로 늘어나고, 파리에 머물던 시기의 해바라기는 모두 바닥에 흩어져 있다. 이것은 해바라기를 통해 자신의 심리적인 변화 과정을 극적으로 표현했다는 점을 말해 주고 있다. 아를 곳곳에는 거대한 황금 해바라기가 만개하여 절정을 이루었는데 저마다 모양도 다르고, 색 또한 진한 오렌지색부터 녹색까지 다양했다. 고흐는 아를의 해바라기를 사랑했고 그것에 인생을 담아 그렸다.

그림 1-7 여러 가지 해바라기와 꽃 구조.
야생 해바라기(A)와 돌연변이 해바라기(B, C). (B)는 설상화(바깥 노란 부분)가 많이 발현됐고 (C)는 관
상화(안쪽 까만 부분)가 많이 발현됐다. 각각의 해바라기 밑에 있는 사진은 설상화와 관상화를 분리한
것이다. 고흐의 그림 〈15송이의 해바라기〉에서 화살표 표시된 부분(D)은 겹해바라기이다. (사진출처: PLoS
Genetics.)

미국 조지아대의 식물학자 존 버크(John Burke) 교수 연구진은, 유전학 분야 국제학술지
인 「플로스 제네틱스(PLoS Genetics)」에서 "고흐 그림에 나오는 해바라기를 만든 유전자
돌연변이를 처음으로 찾아냈다."라고 발표했다. 고흐 작품에 관심을 가지고 그의 작품 속
식물을 연구 조사하다가 해바라기의 유전자 돌연변이를 밝혀내게 되었다. 일반적인 해바
라기는 가운데가 둥글고 주변에 작은 꽃들이 둘러싼 형태인데, 고흐의 작품 중 〈15송이
의 해바라기〉는 일반적인 해바라기와 다른 돌연변이 종이었던 것이다. 기다란 꽃잎이 가
운데까지 들어와 둥근 부분을 가리는 겹해바라기이다. 버크 교수는 야생 해바라기와 겹
해바라기를 교배해 여러 가지 형태를 띠는 해바라기를 얻게 되었다. 유전자 하나로 꽃 모
양을 다양하게 변화시킬 수 있어 산업적으로 큰 가치가 있다고 설명한다. 고흐 그림 덕분
에 식물의 돌연변이를 일으킬 유전자가 처음으로 밝혀진 것이다.

일본 우키요에와 빛의 향연

고흐는 화가로 활동한 10년 동안 무수히 많은 작품을 남겼지만 팔린 작품은 딱 한 작품, 바로 〈붉은 포도밭The Red Vineyard〉뿐이었다. 그것도 고흐 동생, 테오의 지인이 단돈 400프랑에 산 것이었다. 〈감자 먹는 사람들〉, 〈구두a pair of shoes〉 등에서 보이는 고흐 그림은 거칠고 투박하다. 노동과 가난에 시달리는 농부들의 처지를 담아내다 보니 색조도 어두울 수밖에 없다.

그러던 어느 날, 강렬한 색을 사용하는 '인상주의' 화가들의 작품들을 보고 색채의 충격에 빠지게 된다. 그러면서 점차 그의 작품에서

인상주의(Impression)

19세기 후반에서 20세기 초 프랑스를 중심으로 일어난 예술사조. 미술에서 시작하여 음악과 문학 분야에 영향을 끼쳤다. 특히 인상주의 미술은 공상적이면서도 몽환적인 표현 기법으로 전통 회화 기법을 거부하고, 색채, 색조, 질감 등에 중점을 둔다. 빛에 따라 변하는 자연의 모습이나 어떤 한 순간의 모습을 화가의 시선으로 기록하려 했다.

그림 1-8 클로드 모네(Claude-Oscar Monet), 〈인상: 해돋이(Impression: Sunrise)〉, 1840, 마르모탕 미술관. 인상주의와 인상파라는 이름을 만들어낸 작품이다. 모네는 르아브르의 고향집에서 내려다본 항구를 보고 느낀 즉흥적인 인상을 그리고 '인상: 해돋이'라는 제목을 붙였다.

빈센트 반 고흐, 〈아를의 밤의 카페 The Night Café in Arles〉 1888년, 개인.

도 강렬한 색채가 드러나기 시작한다.

　고흐는 아를에 머물던 시절에 마리 지누^{Marie Ginoux}가 운영하던 카페 드 라 가르^{Café de la Gare}를 폴 고갱^{Paul Gauguin}과 자주 찾았다. 그리고 그 카페를 담은 그림이 바로 〈아를의 밤의 카페^{The Night Café in Arles}〉이다. 녹색의 천장과 붉은 벽, 노란 가스 등에서 폭발적인 보색을 느낄 수 있는 이 작품에는 후기 인상주의 화풍이 뚜렷이 반영되어 있다. 이렇게 강렬한 원색의 대비는 그가 일본의 우키요에[浮世繪]의 영향을 받았기 때문이기도 하다.

그림 1-10 가츠시카 호쿠사이, 〈가나가와 해변의 높은 파도 아래〉, 19세기경, 기메 국립 아시아 미술관 소장. 이 판화는 일본 에도 시대에 활동한 대표적인 목판화가 가츠시카 호쿠사이가 70대에 제작한 연작 〈후지 산 36경〉(1831년경)의 첫 작품이자 그의 가장 유명한 작품이다. 〈후지 산 36경〉은 발표하자마자 일본에서 대중적인 성공을 거두었고, 이어 유럽에서도 일본적인 것을 동경하던 예술가들을 크게 매혹했다. 반 고흐, 모네, 드가, 르누아르, 피사로, 클림트, 커셋 등이 이 연작에 속하는 판화를 소장했고, 특히 〈가나가와 해변의 높은 파도 아래〉는 모네의 여러 그림과 릴케의 시 〈산〉, 드뷔시의 교향시 〈바다〉 등 다양한 장르의 예술 작품에 영감을 제공했다.

    우키요에는 일본 에도시대(1603~1867)에 서민생활을 기조로 하여 발달한 풍속화를 말한다. 메이지 시대(1868~1912)에 들어서면서 사진·제판·기계인쇄 등의 유입으로 일본에서는 쇠퇴하였다. 그러나 1865년 프랑스 화가 브라크몽이 일본에서 보내온 도자기의 포장지로 사용된 가츠시카 호쿠사이[葛飾北斎]의 판화 한 조각을 발견하고, 마네, 도가 등의 친구에게 돌렸는데 이것이 인상파 탄생의 발단이 되었다고 한다.

당시 네덜란드는 유럽 무역의 한축으로서 역할을 담당하고 있었고, 특히 일본과의 교류의 중심지 역할을 하고 있다. 17세기경부터 교류가 시작되었고, 이로 인해 200여 년에 걸쳐 일본의 문물뿐만 아니라 예술 작품들은 네덜란드의 상인들에 의해 서양에 전파되었다. 19세기 중엽 파리 만국박람회를 통해 우키요에가 소개되면서 많은 인상파 화가들에게 영향을 주었다. 프랑스 지베르니에 있는 모네 집에는 일본 목판화가 한 방 가득할 정도로 인기가 높았다. 고흐는 우키요에를 모사하거나 〈자화상〉, 〈탕귀 영감〉 등의 배경으로 우키요에를 그려 넣었다.

밤하늘 속 소용돌이치는 해류

고흐의 〈별이 빛나는 밤〉은 밤하늘의 무한함을 가장 극적으로 표현한 작품이다. 밤하늘에 구름이 소용돌이치고, 별빛과 달빛이 유난히 밝고 평화롭다. 하지만 사실 이 작품을 그리던 시기는 고흐에게 있어서 최대의 시련기였다. 그가 고갱과 크게 다투고 자신의 귀를 자르는 사건이 발생한 후(사실 고흐의 귀를 누가 잘랐는지에 대해서는 아직도 의견이 분분하다) 정신병을 앓고 생 레미의 요양원에 있을 때 그린 것이다. 그림 속 소용돌이가 고흐의 고통을 묘사하고 있는 듯하다. 이 그림을 보면 밤하늘의 모습과 사이프러스 나무의 모습은 격정적인 데 반하여 아래 마을은 상대적으로 평온하다. 이 마을을 직접 찾아가

그림 1-11 빈센트 반 고흐, 〈별이 빛나는 밤〉, 1889년. 뉴욕 현대미술관.

사진 1-1 NASA에서 촬영한 해류의 모습.

보고 싶은 사람도 있겠지만 이곳은 실재와 상상이 결합된 곳이다. 직접 본 마을의 풍경과 자신의 생각 속에 있던 마을을 결합하여 자신의 마음을 담아내었다.

최고의 명성을 얻은 이 작품은 최근 지리학과 과학계에서 새롭게 조명을 받고 있다. 미 항공우주국^{NASA}이 약 3년간 해류의 이동을 위성으로 촬영했는데 동남아시아 및 서남아시아, 남부 아프리카의 해안 지역에서 해류가 둥근 원을 그리면서 소용돌이치고 있었다. 그런데 해류의 흐름에 대한 연구 결과를 합성한 소용돌이가 고흐의 〈별의 빛나는 밤〉이라는 작품과 형태가 동일하게 나타나 학계를 뜨겁게 달구었다. 이로 인해 고흐의 다양한 작품들에 대한 연구가 각 분야에서 실질적으로 이루어지기 시작했다. 특히 고흐의 작품을 연구하는 과학자들은 고흐 작품이 과학에 끼친 영향에 대해 '고흐 과학_{Science of Gogh}'이라고 부르기도 한다.

고흐에게 없는 색, 울트라마린

고흐 그림에서는 찾아볼 수 없는 색이 하나 있다. 바로 '울트라마린'이다. 그가 천재라서 특별한 이유로 이 색을 쓰지 않은 것일까? 그림에 없는 색의 비밀은 의외로 간단하다. 울트라마린의 가격이 어마어마했기 때문이었다. 당시 이 물감은 kg당 1,000만 원을 호가했다. 가난한 고흐로서는 절대로 쓸 수 없는 색이었다. 그래서 그는 '울

그림 1-12 빈센트 반 고흐, 〈아를의 별이 빛나는 밤〉, 1888년, 오르세 미술관.

트라 마린'을 대신해서 '코발트블루'를 사용했고 비록 대체품이었지
만 '코발트블루'는 그의 작품 세계를 반영하는 데 더 큰 위력을 발휘
했다. 특히 〈아를의 별이 빛나는 밤〉에서는 코발트블루가 더욱 빛을
발한다. 캄캄한 밤에 반짝이는 별이 극적인 대비를 이루는데 코발트
블루로 채색된 하늘은 인디고에 가까운 진한 블루이다. 약간의 즉흥
적인 방식이 가미되어 있고 폭이 넓은 붓을 쓸어가며 강렬한 터치감

을 보이고 있다. 별의 가운데 동그란 부분은 흰색 물감을 직접 짜내어 발라 별의 빛을 더하는 하이라이트 효과를 나타냈다. 론 강 표면에 비친 별빛은 가는 붓으로 떨림 있게 그려 어두운 밤 고요한 강물의 흐름을 보여 준다.

귀를 자르다

1888년 12월 30일, 아를의 지방지인 〈르 포럼 레퓌블리캥〉에 이런 기사가 실렸다.

> 지난 주 일요일 밤 11시 30분. 네덜란드 출신의 빈센트 반 고흐라는 화가가 사창가에 나타나 리셸이라는 여자에게 '이걸 잘 간수하라'는 말과 함께 자신의 귀를 건네고 사라졌다고 한다. 가엾은 정신이상자의 행위이다. 통보를 받은 경관이 다음 날 아침 그를 찾아가 보았더니 침대에 누운 상태로 거의 의식이 없었다고 한다. 이 불행한 남자는 곧바로 병원으로 옮겨져 치료를 받고 있다.

고흐는 왜 귀를 잘랐을까? 사건의 발단은 고갱과 함께 살기로 한 것이었다. 고흐는 아를에 '옐로 하우스(노란 집)'라는 집을 마련하고 고갱을 초대했다. 고흐는 초기에 특별한 화가 공동체를 만들고자 했고, 고갱과 미학적인 논쟁을 벌이면서 더욱 활발한 작품 활동을 펼치게 된다. 하지만 그 시간은 오래가지 않았다. 작품을 그려내는 방법의 차이로 싸우기 일쑤였고 감정의 골은 더 깊어져 결국 60여 일 만에 돌아서게 된다. 고갱은 고흐를 떠나게 되고 산책을 나간 고갱을 따라가 면도날로 자신의 귀를 자른다. 고흐의 마음에는 고갱이 항상 자리 잡고 있었는데 그에게 버림받은 것으로만 생각한 것이다.

그런데 〈그림 1-13〉의 자화상을

그림 1-13 빈센트 반 고흐, 〈파이프를 물고 귀에 붕대를 한 자화상〉, 1889년, 개인.

귀를 자른 건 누구?

고갱이 고흐를 그린 이 작품에서 고흐는 늙고 기운 없어 보인다. 그가 좋아하는 해바라기는 축 처져 있고 붓은 붓이 아닌 것처럼 가늘다. 고갱은 고흐를 얕잡아 봤고, 고흐는 이런 고갱에게 불만을 가지게 된다.

그런데 최근, 고흐의 귀는 고갱이 잘랐다고 하는 새로운 연구가 나왔다. 고흐가 자살한 것을 고흐의 광기나 정신병으로 단정 지었던 기정사실을 뒤집은 것이다. 뛰어난 펜싱 실력을 가지고 있던 고갱이 다툼이 극에 달했을 때 검으로 고흐의 왼쪽 귓불을 잘라냈다는 주장이다. 그리고 그 귀

그림 1-14 폴 고갱, 〈해바라기를 그리는 반 고흐〉, 1888, 반 고흐 미술관.

를 창녀에게 주었고 다음 날 경찰에 와서는 다르게 진술했다는 것이다. 학자들은 고흐의 편지와 귀 스케치에 쓰여 있는 '익투스(ictus)'라는 라틴어에서 그 증거를 찾았다. 익투스는 펜싱에서 찌르기를 뜻하는 용어인데 고흐가 사건을 정확히 묘사했다는 것이다.

보면 오른쪽 귀가 잘린 것으로 그려져 있다. 하지만 이것을 거울을 보고 그렸기 때문에 좌우가 바뀐 것이다. 고흐는 홀로 노란 집에서 자화상을 그리며 그토록 오랜 시간 꿈꿔 왔던 멋진 예술가 공동체의 꿈을 접었다.

프로방스 색채 속으로

최근 몇 년 사이 프로방스가 사람들의 입에 오르내리기 시작했다. 가구, 카페, 건축, 색채 등 프로방스 풍의 상품들이 인기를 끌고 있다. 프로방스는 프랑스 남동부, 이탈리아와의 경계에 있는 지역의 명칭이다. 프로방스 중심에는 론 강이 흐르고 지중해를 끼고 있다. 프로방스를 대표하는 도시로는 마르세유^{Marseille}, 아비뇽^{Avignon}, 아를, 이 세 도시가 대표적이다. 마르세유는 대표적인 지중해 관광지로 각광을 받고 있고, 아비뇽은 '아비뇽 유수(Avignonese Captivity, 1309~1377년까지 7대에 걸쳐 로마 교황청을 아비뇽으로 이전한 사건)'라는 역사적 사건으로 익숙하다. 익숙하지 않은 이름인 아를은 반 고흐의 작품 공간으로 유명해진 도시이다. 물론 프랑스의 대표적인 문학가인 알퐁스 도데^{Alphonse Daudet}의 소설

그림 1-15 프로방스 지역 지도.

아를의 원형경기장(Amphithéâtre).

무대이기도 하다.

아를은 기원전 46년 론 강가에 로마의 식민지로서 발전하기 시작하여 번창했던 큰 규모의 도시였다. 사실 이곳은 론 강 하구에 형성된 석호를 통해 지중해와 교류하는 해상과 육상의 지정학적인 요충지로 역사적으로 큰 의미를 지닌 곳이다.

이 지역은 프랑스 주변 도시들과 달리 상대적으로 개방적인 도시 지역 구조를 가지고 있다. 그래서 북방민족에게 많은 침입을 당하기도 했고, 730년 이슬람 교도들에게 함락된 적도 있다. 10세기경에 들어서는 부르군트 왕국의 수도가 되기도 했으며, 12세기에는 이탈리아의 베네치아와 같이 공화국으로 최고의 전성기를 누렸다. 하지만 13세기에 프로방스에 흡수되어 오늘날에 이르게 되었다.

지금은 6만여 명의 인구를 가진 작은 도시이지만 과거 로마 제국의 영토로 원형 극장, 목욕탕, 수도, 지하 묘지, 성당이 시가지 중심에 위치하고 있다. 원형 경기장은 구 시가지의 중앙에 위치하고 있는데 2만 5,000명을 수용할 수 있는 거대한 규모이다. 고대의 건축물이라고 생각하면 그 크기는 놀랄 만하다.

고흐가 예술가로서 삶을 영위했던 작품 무대, 아를. 그는 왜 하필 아를을 택했을까? 단순히 태양이 그리워 화려한 파리를 떠나 아를로

습지의 마을 아를과 간척지 네덜란드

네덜란드 사람들은 기후적으로 볼 때 뙤약볕을 쬐기 어려웠고 그 때문에 항상 남부 유럽의 이글거리는 태양을 동경했다. 고흐가 태양을 그리워한 만큼 그의 마음속에 가장 크게 자리 잡고 있던 것은 고향 네덜란드의 독특한 풍경이었다. 네덜란드는 국토의 대부분이 바다였고 간척사업으로 넓은 평원이 펼쳐져 있다. 그가 특히 아를을 좋아했던 이유는 아를이라는 이름에서 찾을 수 있다. 아를은 '습지의 마을' 이라는 뜻을 가진 곳으로 16세기부터 운하를 개발하면서 네덜란드처럼 습지를 개간해서 만든 지역이다.

또 하나 고흐의 고향에서는 하천에 배가 지나다닐 수 있게 좌우로 다리가 갈라지는 도개교가 많았다. 항상 자신이 오고 싶어 하던 아를에 있으면서도 고향을 그리워했던 그는 아를에서도 도개교 밑에서 빨래하는 아낙네들을 그림으로 그려냈다. 11개나 있던 아를의 도개교는 다양한 형태로 그의 작품 속에 드러난다. 고흐의 그림 속에는 간척지에서 농경을 하는 모습과 하천 운하를 이용하던 유럽의 모습이 고스란히 남아 있어 당시 사회와 건축을 연구하는 데 있어서 훌륭한 자료가 되고 있다.

사진 1-3 네덜란드 반 고흐 박물관.　　사진 1-4 아를에 있는 도개교, 랑글루아 다리.
일명 고흐 다리.

간 것일까? 남부 유럽에는 마르세유, 니스, 나폴리 등 더 유명한 도시들이 있는데 왜 택하지 않았을까?

인간은 삶의 역경 속에 빠지게 되면 자연스레 회귀 본능이 나타나기 마련이다. 자기가 태어나고 자란 곳을 그리워하게 된다는 뜻이다. 파리의 삶에서 만족하지 못했던 고흐에게 아를의 경관은 고흐의 모국, 네덜란드를 연상시켰다.

지중해의 이글거리는 태양은 사람뿐 아니라 자연에게도 큰 양분을 제공하기에 햇볕이 작열하는 광활한 평야는 고흐의 관심 대상이 된다. 끝없이 펼쳐지는 평야는 그림을 그리는 화가나 그 작품을 보는 사람들에게 영원함을 선사한다. 밀레의 그림에 깊은 감동을 받아 고흐는 아를의 토양과 기후, 농업 경관을 주제로 삼아 마침내 〈씨 뿌리는 사람 The Sower With Setting Sun〉을 완성했다. 스스로 정확한 묘사로 작품에 대한 만족감이 컸던 그는 이 그림을 일컬어 '씨 뿌리는 사람과 평야에 대한 연구'라고 지칭했다. 씨를 뿌리는 모습을 보고 봄으로 생각하는 사람들이 많지만, 그렇게 막연히 단언할 수는 없다. 아를은 사계절 모두 구름 한 점 없이 쾌청한 날씨이기 때문이다.

지중해식 기후의 특징이 겨울철은 온화하고 강수량이 많으며, 여름에는 무덥고 건조하기 때문에 씨를 뿌리는 시기는 늦은 봄으로 추론할 수 있다. 론 강의 하류 지역에는 넓은 평야 지대가 형성되어 있다. 론 강은 대체적으로는 급류를 이루고 있어 운반되는 토사량도 많다. 하구에는 카마르그 camargue 라는 습지대가 형성되어 있기도 하다. 카마르그는 습지, 반염수 호수, 론 강이 갈라질 때 생긴 미세한 진흙

그림 1-16 빈센트 반 고흐, 〈씨 뿌리는 사람〉, 1888년, 크뢸러-뮐러 미술관.

그림 1-17 빈센트 반 고흐, 〈경작된 밭이 있는 풍경〉, 1889년, 오펜하이머 컬렉션.

으로 만들어진 지역인데, 론강 하구 삼각주의 본류와 오른쪽 지류인 프티론 강 사이에 있다.

　점토질 토양에서 이루어지는 아시아식 벼농사와 달리 유럽의 토양은 모래와 자갈로 이루어져 있었는데 토양이 척박한 탓에 벼보다는 밀을 경작하기에 좋았다. 밀농사는 벼농사에 비하여 많은 노동력을 필요로 하지 않기 때문에 〈경작된 밭이 있는 풍경Wheat Field With Rising Sun〉처럼 밭의 크기에 비해 상대적으로 마을의 규모는 작다.

아를은 레드 와인의 본 고장

유럽 하면 떠오르는 과실은 단연 포도와 올리브이다. 그만큼 포도와 올리브는 유럽사회에 미치는 영향이 크다. 지중해 연안에 국한된 올리브에 비해 포도는 유럽 전역에서 재배되기 때문에 그 파급력은 더 크다. 지중해에 위치한 아를은 포도 재배가 일찍부터 발달한 지역이다. 보랏빛의 포도가 붉게 물든 〈아를의 붉은 포도밭〉이라는 작품 속에 이곳이 '레드와인'의 본 고장임을 알 수 있다. 와인은 크게 색에 따라서 화이트 와인, 레드 와인, 로제 와인으로 나뉜다. 아를을 포함한 남부

그림 1-18 빈센트 반 고흐, 〈아를의 붉은 포도밭〉, 1888년, 푸시킨 미술관.

유럽이 이러한 와인의 종류 중 레드 와인의 재료인 적포도가 자라기 적합한 토양과 기후를 가지고 있다. 이러한 특징을 놓치지 않고 그린 그의 작품 속에서 레드 와인의 감촉과 향을 느낄 수 있다. 레드 와인은 포도껍질과 씨에 함유된 타닌 성분 때문에 약간 떫은맛을 내는 것이 특징이다.

밤하늘이 아름다운 카페의 풍경

동서양을 막론하고 카페는 팍팍한 삶 속에서 한 템포 쉬어 가며 활력을 찾을 수 있도록 돕는 장소이다. 고흐가 살던 당시 프랑스의 카페는 지금 못지않게 사람들이 즐겨 찾던 인기 장소였다. 고흐 역시 카페를 좋아했고 특히 밤 풍경을 즐겼다고 한다. 〈아를의 포룸 광장의 카페테라스 Café Terrace on the Place du Forum, Arles〉의 무대가 되었던 카페는 건물의 노란 외벽과 테라스, 그리고 그 앞에 놓인 탁자와 의자들이 아직도 고스란히 남아 있다. 그가 그렸던 밤하늘 풍경조차 그대로이다.

그림 1-19 빈센트 반 고흐, 〈아를의 포룸 광장의 카페테라스〉, 1888년, 크뢸러-뮐러 미술관(오른쪽). 실제 카페 모습(왼쪽).

고흐는 이곳의 밤을 얼마나 사랑했던 것일까? 가스등을 밝힌 카페 테라스에 앉아 보는 밤 풍경에 매료된 그는 하늘을 그릴 때 검은색은 전혀 사용하지 않았고 오직 파란색과 보라색으로 그림을 그렸다. 그는 테오에게 보낸 편지에서 밤하늘에 별을 그려 넣는 순간이 가장 즐거웠다고 적기도 했다. 그리고 거리의 집들을 묘사할 때는 원근법에 얽매이지 않았고, 건물의 형태를 과장하여 표현하며 독창적인 색과 표현기법을 통해 새로운 회화의 기법을 창시했다.

자연과 하나가 되어야 한다는 사고를 가지고 옛것을 그대로 보존하려고 하는 동양 철학과 달리 서양은 자연을 정복하여 새로운 것을 만들어 내는 철학을 가지고 있다. 하지만 실제로 유물을 잘 보존하고 있는 쪽은 아이러니하게도 서양이다. 특히 유럽은 오래된 건물이라고 해서 재개발하기보다는 건물 그대로를 가꾸어 전통과 아름다움을 더한다. 유럽의 이런 건축 문화를 보면 현대적이지 않은 것들은 새롭게 바뀌어야만 하는 우리의 현실을 되돌아보게 만든다.

원래 카페^{Café}의 어원은 커피^{coffee}에 있다. 프랑스어로 커피가 카페인인데 커피를 파는 가게로 뜻이 변한 것이다. 유럽에서는 17세기경 런던을 중심으로 커피하우스가 번성하다가 이후 그 영향이 프랑스로 넘어가 프랑스 전역에 카페가 만들어지게 되었다.

커피가 대용음료로 받아들여지면서 프랑스는 점차 이성과 지식을 갖춘 깨어 있는 사회로 발전하게 되었고, 시민들은 카페에서 서로 많은 이야기를 주고받으며 자연스레 늦은 밤까지 토론하는 문화를 만들었다. 이때 프랑스 사회는 '앙시앵 레짐^{ancien régime}'이라는 구제도의 모순으로 시민들의 불만은 가득 차 있었고 이러한 사회문제에 대해 토론하고 불만을 표출했다. 이러한 불만을 서로 이야기하고 표출할 수 있었던 무대가 되었던 곳이 바로 카페였다. 1789년 7월 12일, 카미유 데물랭^{Camille Desmoulins}이 커피점 탁자 위에 뛰어올라가 군중을 향해 귀족에 대항해 무기를 잡으라고 외친 곳도 바로 카페였다. 이후 1800년대 후반의 파리코뮌과 1960년대의 68혁명 역시 카페에서 시작되었다고 할 정도로 프랑스에서 카페는 혁명의 배경이 된 공간이었다.

사이프러스와 키프로스 분쟁

고흐 그림의 백미 중 하나는 '사이프러스 나무'이다. 그의 작품을 유심히 들여다보면 대부분의 작품에서 바로 이 나무가 등장한다. 고흐는 사이프러스 나무를 볼 때마다 불꽃처럼 타오르는 형태로 뾰족한 것이 오벨리스크 같다는 생각을 했다. 〈사이프러스 나무가 있는 길〉에서 강렬한 보색대비, 그리고 소용돌이와 파도와 같은 모양은 복잡했던 고흐의 심리상태를 표현하고 있다.

사이프러스 나무가 정식 명칭이지만, 우리나라에서는 삼나무라고 번역해 부르기도 했다. 하지만 사이프러스 나무와 삼나무는 엄연히 다른 종이다. 우리나라에 사이프러스 나무가 없으니 나무에 대한 지식이 없었던 탓에 생소한 나무를 유사한 우리나라의 나무에 비유했던 것이다. 사이프러스 나무와 굳이 비슷한 나무들을 찾자면 측백나

그림 1-20 빈센트 반 고흐, 〈사이프러스 나무가 있는 길〉, 1890년, 크뢸러-뮐러 미술관.

무, 향나무, 노간주나무 등이 있다. 하지만 세 나무 중 어느 것도 사이프러스를 그대로 쏙 빼닮지는 않았다. 식물학적으로는 측백나무에 가까우나 잎은 향나무, 전체적인 바깥 모양은 노간주나무를 닮았다.

사실 삼나무라고 표현한 근본적인 이유는 일본사람들의 번역을 그대로 따왔기 때문이다. 학명으로 'Cryptomeria japonica, Japanese Cedar'라고 하는데 여기에서 삼나무라는 명칭을 따왔던 것이다. 지중해 연안에서 쉽게 볼 수 있는 이 나무는 십자가를 만들던 나무로도 알려져 있고, 선박과 집의 건축 자재로도 많이 활용되었다. 또한 고흐의 불안한 심리 상태를 보여 주는 그림이기 하지만 이 나무의 잎과 열매에서 추출되는 정유는 진정 작용이 있고, 머리를 맑게 해 주는 특성을 지니고 있다.

사이프러스 나무는 지중해 지역에 널리 퍼져 있으며, 특히 그리스 지역에서 많이 자란다. 사이프러스는 좀 더 조사해 보면, 영문명에서 특이점을 파악할 수 있다. 사이프러스의 영문은 'Cypruss'인데 이것은 우리가 잘 알고 있는 지중해의 섬의 이름과 비슷하다. 즉 영문으로 Cyprus에서 유래한 것을 알 수 있다. 즉 사이프러스 나무는 키프로스에서 숭배하던 나무로 그 섬의 이름을 딴 것이다.

그런데 키프로스 섬은 현재 분쟁 중이다. 기원전 2000년경부터 에게 문명의 중심인 그리스인들이 들어가 도시국가를 건설했던 키프로스 섬은 지중해의 전략적 중심지에 위치하고 있다. 그렇다 보니 그리스 정교의 비잔틴 제국의 지배(330~1191)와 이후 이슬람교의 오스만투르크의 지배(1571~1878)를 받는 사이 인구가 그리스 주민과 터키계 주민들로 양분되어 갈등을 빚고 있다. 제1차세계대전 때는 영국의 식민지가 되었다가 1960년에 독립하게 된다. 그런데 인구비율이 그리스계가 약 80%, 터키계가 약 20%인 상태에서, 터키계 주민들은 그리스계에 불만을 품고 북키프로스 터키공화국이라는 국명으로 독립했다. 이에 키프로스는 남키프로스와 북키프로스로 갈라졌고, 국제연합을 비롯한 세계 각국은 남키프로스를 대표국으로 인정하고 있으며, 터키 정부만 북키프로스를 국가로 인정하고 있는 상태이다. 양국은 각각 대통령을 선출해 독립된 체제로 운영되고 있으며 국제사회가 통일협상을 유도하고 있으나 합의점을 찾지 못하는 가운데, 2012년 반기문 UN사무총장이 양측 대통령과 분단 극복방안을 논의하기도 했다.

전쟁의 공간 오베르에서 마감한 삶

1337년부터 1453년까지 116년 동안 진행된 백년전쟁은 프랑스 영토를 일부 지배하고 있던 시기에 프랑스 왕위 계승 문제로 벌어진 전쟁이다. 1328년 카페 왕조의 샤를 4세가 후계자가 없이 죽자마자 그의 4촌 형제 필리프 6세가 왕위에 오르게 되었다. 영국왕 에드워드 3세는 그의 모친이 샤를 4세의 누이로 프랑스 왕위를 계승해야 한다고 주장하면서 오랜 전쟁이 시작되었다. 전쟁 초기에는 프랑스가 영국에 패배하면서 많은 영토를 빼앗겼지만 샤를 5세 시기에는 영국군을 몰아내기도 한다. 이후 영국이 다시 프랑스국왕 샤를 7세를 압박하여 위기에 처하는 순간도 있었으나 잔 다르크의 등장으로 영국을 몰아낸다. 사실 왕위 계승 문제의 이면에는 경제적인 문제가 기인했다. 유럽 최대의 모직물 공업지대였던 플랑드르Flandre 지방이 끼어 있었기 때문이다. 특히 양모를 공급하던 영국은 플랑드르 지방뿐만 아니라 유럽 최대의 포도주 생산지였던 기엔Guyenne까지 지배하고 있었던 터였고 프랑스는 영국이 지배하기 이전에 자신들의 영토였기 때문에 이를 되찾고자 했다.

당시 프랑스 왕국은 파리를 중심으로 노르망디 지역을 영토로 하고 있었다. 그리고 파리로 들어가는 입구에는 작은 마을 오베르 쉬르 우아즈Auvers sur Oise가 있었다. 작고도 조용한 이 마을은 역사적으로 중요한 사건들이 지나간 곳이다. 9세기 노르망디들의 침략, 14세기 백년전쟁, 16세기의 종교전쟁 등으로 주기적인 전쟁의 피해를 받았다. 이렇게 프랑스에서 발생한 전쟁들의 피해 속에 있었던 오베르가 더 알려진 이유는 고흐가 마지막 생애를 보내며 많은 작품들을 담아내었기 때문이다.

고흐가 마지막 생애를 보냈던 오베르에서 완성한 〈오베르 쉬르 우아즈의 짚더미Chaumes de Cordeville à Auvers-sur-Oise〉와 〈비 온 뒤 오베르의 풍경Landscape at Auvers after the rain〉은 오베르의 자연 환경과 그 속에 어우러지는 가옥과 농경지를 그대로 담고 있다. 본래 제목이 '몽셸의 초가'였던 〈코르드빌의 초가〉는 오베르에 위치한 시골 농가들이 모여 있었던 마을 이름이다. 아무튼 그는 오베르를 담으면서 약간 차가운 색

그림 1-21 빈센트 반 고흐, 〈오베르 쉬르 우아즈의 짚더미〉, 1890년, 오르세 미술관.

그림 1-22 빈센트 반 고흐, 〈비 온 뒤 오베르의 풍경〉, 1890년, 푸시킨 미술관.

을 사용했음에도 불구하고 오베르의 자연을 밝고 선명한 색을 사용하여 좀 더 생기 넘치게 표현했다. 그렇게 높지 않은 오베르 마을 주변의 산지와 그 안에서 반듯하게 구획된 농경지, 여름철에 들에서 비를 맞는 푸른 경작지 등의 풍경이 한눈에 들어온다. 그의 화풍 자체가 바뀌기도 했지만 이러한 작품 속에서 오베르에 대한 새로운 감동과 자신의 삶에 대한 의지를 느낄 수 있다.

사실 오베르에서 생의 마지막을 보낸 두 달여 동안 고흐는 풍경화는 물론이고 가깝게 지내던 사람들의 초상화도 수십 점이나 그렸다. 고흐의 900여 작품 중 이때 완성한 그림이 90여 점에 달할 정도로 그는 삶의 끝자락에서도 모든 열정을 불태웠다. 불안한 가운데에도 작품 속에서는 평온했을 것이다. 하지만 그는 너무나도 젊은 37세의 나이에 불꽃처럼 자신의 생을 마감한다. 현재 그는 불멸의 화가이자 현대인들이 가장 좋아하는 미술가로 평가받고 있다. 천재였음에도 그것을 알지 못했던 시대에 살아야만 했던 그는 그 천재성이나 예술적 광기를 인정받고자 하지 않았다. 그가 찾고자 했던 것과 그리워한 것은 '사람'이었고 사람에 대한 관심과 사랑이었다.

오베르를 담은 작품

고흐의 마지막 작품의 배경의 되었던 곳, 오베르 쉬르 우아즈는 파리에서 30km 정도 떨어진 작고 조용한 마을이다. 이 작은 마을이 유명한 까닭은 고흐·세잔 등 19세기 후기인상파 화가들이 작품 활동을 했던 곳이기 때문이다. 마을이 워낙 한적하고 조용했기 때문에 과거 이곳을 찾은 화가들은 전원의 풍경들을 배경삼아 수많은 작품을 남겼다. 고흐의 작품 속에 〈오베르 쉬르 우아즈 시청(Auvers Town Hall in 14 July 1890)〉, 〈오베르 쉬르 우아즈 교회(The Church at Auvers-sur-Oise)〉, 〈까마귀가 나는 밀밭(Wheatfield with Crows)〉 등은 아직까지 그대로 그 형태를 유지하고 있다. 특히 오베르 교회는 13세기 초에 지어진 고딕 양식의 교회로 양측 면에는 로마네스크 풍의 예배당도 같이 있다. 〈까마귀가 나는 밀밭〉은 그의 마지막 작품으로 알려져 있는데 무언가 불안해 보이고 고독해 보이는 하늘과 까마귀 떼에 그의 마음속 상반된 감정들이 가득 차 있는 듯 보이기 때문이다.

그림 1-23 〈오베르 쉬르 우아즈 시청〉과 실제 모습.

그림 1-25 〈오베르 쉬르 우아즈 교회〉와 실제 모습.

그림 1-24 〈까마귀가 나는 밀밭〉과 실제 배경.

Antonio
Gaudí

2교시

가우디의 건축물로 본
스페인의 역사와 지역주의

스페인의 건축가, 안토니오 가우디 이 코르네트. 스페인 바르셀로나에서 카사 밀라, 카사 바트요, 구엘 저택, 구엘 공원, 사그라다 파밀리아 성당 등을 설계했다. 작품의 70% 이상이 바르셀로나와 바르셀로나 근교에 집중되어 바르셀로나는 도시 전체가 '가우디 미술관'이라 불리기도 한다. 나무, 하늘, 구름, 바람, 식물, 곤충 등 자연을 관찰하여 그것을 건축에 응용하는 그의 건축물들은 벽이나 천상에 곡선이 많고, 내부 장식과 새, 빛이 모두 조화를 이루고 있다. 카사 밀라와 구엘 저택, 구엘 공원은 1984년 유네스코 세계문화유산에 등재되었으며, 그의 대표작인 사그라다 파밀리아 성당은 가장 유명한 건축물 중 하나이며 여전히 미완성이다.

스페인 하면 아마도 많은 사람들이 떠올리는 것 중 하나가 바로 축구일 것이다. 2010년 남아공 월드컵에서 80년 만에 우승컵을 안아든 스페인. '무적함대'라고 불릴 정도로 축구 실력이 막강함에도 불구하고 우승컵을 차지하기까지 단 한 번의 4강 진출이 전부였던 이상한 나라. 그 이유가 뭘까? 여기엔 스페인의 오랜 역사가 뿌리 깊게 얽혀 있다. 영국인들이 잉글랜드, 스코틀랜드, 아일랜드를 각기 독립된 지역으로 인식하는 것처럼 스페인 역시 조금만 들여다보면 결코 하나가 아니란 것을 알 수 있다. 이러한 지역주의가 축구에도 영향을 미쳐 선수 기용에서 적지 않은 갈등을 일으켰고, 우수한 실력에도 불구하고 80년 만의 우승이라는 특이한 이력을 낳았다.

스페인의 지역주의는 이외에도 많은 분야에서 갈등의 골을 깊게 드러내고 있으며, 심지어 4개의 공식 언어와 7개의 방언이 통용되는 스페인은 국가(國歌)에 가사가 없다. 각 지방의 고유 언어가 아직도 사용되고 있기 때문에 그중 어느 한 가지 언어만을 채택하는 것은 오히려 중앙 정부에 대한 반발심만 더 키우는 결과를 낳을 수도 있다는 판단에서였을 것이다.

그림 2-1 스페인의 지역 구분.

스페인의 여러 지역들 중 카스티야 지방은 수도와 중앙정부가 위치하여 전통적으로 중심지 역할을 해 왔다. 그러나 이에 대적할 만한 경제적·정치적 힘을 가진 곳이 있다. 바로 카탈루냐이다. 카탈루냐는 바르셀로나를 중심도시로 하는 지역으로 이 지역 사람들은 스스로 스페인 사람이 아닌 '카탈루냐 인'이라 부른다. 스페인이 아닌 카탈루냐의 독립된 지역성은 도시 경관을 통해서도 알 수 있다. 오늘날의 카탈루냐, 그리고 바르셀로나의 아름다움은 수많은 카탈루냐의 건축가들이 예술혼을 불태운 결과지민 그중에서도 유난히 돋보이는 카탈루냐의 천재 건축가가 있다. 바로 안토니오 가우디 이 코르네트 (Antonio Gaudí y Cornet, 1852~1926)이다.

가우디는 1852년 6월 스페인의 17개 자치주 중 하나인 카탈루냐의 타라고나 지방 근처 레우스에서 구리 세공인의 아들로 태어났다. 몸이 허약했던 가우디는 아파서 등교하지 못할 때마다 아버지의 일을 돕고는 했는데 이 경험은 훗날 가우디가 자신의 상상을 작품 속에 현실화시키는 밑바탕이 되었다. 또한 가우디는 어

사진 2-1 안토니오 가우디.

릴 때부터 신앙심이 두터웠다. 본래 스페인이 가톨릭 국가이기도 하지만, 자신의 정신적 지주였던 어머니와 형이 먼저 세상을 떠난 슬픔을 감안하면 가우디에게서 보이는 강한 종교적 신념은 충분히 이해가 된다.

가우디가 건축가로 활동하기 전부터 카탈루냐 지방은 산업화의 기운이 조금씩 나타나기 시작하면서 새로운 것에 대한 열망이 한창 커지고 있었다. 그럼에도 불구하고 곳곳에 세워진 중세의 건축물들은 변화하는 시대적 흐름을 거스르기보다는 오히려 조화를 이루며 그 아름다움을 여전히 뽐냈다. 그런 카탈루냐의 과거와 현재가 조화된 모습이 가우디에게 영향을 주어 훗날 가우디는 건축학교에 진학하게 되고 평생을 건축가로 살아가게 된다. 그렇기에 그에게 카탈루냐는 그저 '고향'이라는 말로 설명될 수 있는 것이 아니었다.

가우디에게 카탈루냐는 건축 그 자체였다. 그러나 건축학교 진학 후 기하학과 수학에 특별한 재능을 보였지만 그 외 과목에는 거의 관

심을 보이지 않아 학교생활에 성실한 모범생은 아니었다. 더구나 건축학교를 다니는 동안에도 당시의 지배적인 건축 양식도 아니고 그렇다고 전통적인 양식의 건축도 아닌 가우디만의 별난 설계 때문에 졸업하는 데 애를 먹었다고 한다. 건축학교 졸업 이후 가우디도 여러 유명한 건축가들의 작품 세계에 대해 공부하고 일부는 수용하기도 했지만 결과적으로는 독자적인 건축 방식을 택하게 된다. 가우디의 별난 성향이 결국 가우디만의 독창적 건축 방식을 만든 원동력이었던 것이다. 가우디의 건축 양식은 직선적이고 대칭적이며 패턴을 강조한 기존의 건축과는 다르게 곡선을 강조하고 울퉁불퉁하며 불규칙적인 것이 특징이다. 이것은 자연의 모습을 있는 그대로 담아내려는 건축 철학을 나타내는 특징인데, 이를 통해서 자연과 종교 그리고 인간과의 조화라는 가우디 건축의 키워드들이 정립되었다.

가우디는 카탈루냐와 스페인의 복잡한 관계를 자연으로 디자인하고 종교로 기둥을 세워 세계적인 건축물로 표현해 냈다. 그래서 가우디의 작품은 스페인 그리고 카탈루냐에 대해 알고자 하는 이들에게는 더없이 좋은 교과서가 된다. 가우디는 1926년에 세상을 떠났지만 바르셀로나는 가우디에 의해 매일 새롭게 재탄생되고 있다.

차별과 탄압의 스페인 역사

스페인 사회는 현대에 와서야 비로소 안정을 찾았다고 해도 과언이 아닐 만큼 역사가 매우 복잡하다. 스페인이 속한 이베리아 반도는 고대에는 로마의 한 지방이었다. '스페인은 로마의 최대 발명품'이라고 부를 정도로 한때는 로마의 절대적인 영향 아래 있었다. 그러나 로마의 명성도 영원하진 않았다. 로마가 게르만 족에 의해 멸망한 후 게르만 족의 일부였던 서고트 족이 이곳에 나라를 세우고 뒤를 이어 자리를 잡았다. 이후 북아프리카에 있던 무슬림들이 서고트 족을 몰아내고 이베리아 반도를 점령하게 되었는데, 이것이 이베리아 반도에 대한 무슬림의 800년 지배의 시작이었다. 단 36년의 일본 식민 지배 역사가 한국 사회에 미친 영향을 생각할 때, 무려 800년 동안 계속된 무슬림들의 지배가 이베리아 반도에 어떤 영향을 끼쳤는지를 가늠하는 것은 어렵지 않다. 예를 들어, '알코올'처럼 스페인 어에서 '알^{Al}'로 시작하는 단어들은 아랍어에서 온 것이다. 스페인의 역사에서 무슬림의 지배는 이방인들의 역사일 수도 있지만, 오히려 무슬림이 이베리아 반도를 지배하는 동안 스페인의 산업은 발전을 거듭했다.

중세 유럽이 암흑기를 거치는 동안 이슬람 세계는 그것을 뛰어넘는 발전을 거듭했고 이베리아 반도는 그 덕분에 중세의 어두운 그늘에서 벗어나 곧 떠오를 지중해의 뜨거운 태양이 될 준비를 할 수 있었다. 무슬림들을 몰아내기 위해 북쪽 지방의 크리스트교 신자들이 '레콩키스타'라고 하는 스페인 군주들의 국토회복운동을 벌였고 비로소 8세기에 걸친 이베리아 반도의 무슬림 역사가 종지부를 찍었다. 무슬림이 떠난 후에는 카스티야 왕국과 아라곤 왕국이 세워졌으며, 아라곤 왕국의 왕위 계승자 페르난도 2세와 카스티야 왕국의 여왕

이사벨 1세는 결혼을 통해 하나의 왕국을 세우게 된다.

통일 국가로 힘을 키운 스페인은 지중해에서 눈을 돌려 대서양을 횡단해 신대륙 정복에 적극적으로 나선다. 우리에게도 잘 알려져 있듯이 아메리카를 발견했던 콜럼버스는 이탈리아인이었지만 이사벨 여왕의 후원으로 항해를 시작할 수 있었다. 이후 스페인은 막강한 '무적함대(Spanish Armada, 無敵艦隊)'로 해상의 강자, 즉 해가 지지 않는 나라라고 불리었으나 숱한 전쟁 끝에 영국에게 그 자리를 내주게 되고 북아메리카에 대한 권한도 잃고 만다. 그러나 북아메리카를 잃은

그림 2-2 〈스페인 제국 법정에 선 크리스토퍼 콜럼버스〉, 후안 코르데로(Juan Cordero), 1850년, 국립미술관 (Museo Nacional de Arte, Mexico City). 콜럼버스는 대항해를 위해 여러 나라에 지원을 요청했지만 거부당했다. 스페인에도 두 차례 후원을 바랐으나 받아들여지지 않았다. 그러나 1492년, 스페인이 그라나다 함락 후 안정을 되찾게 되고, 이사벨 여왕은 사비를 털어 콜럼버스의 대항해를 후원했고, 1492년부터 1504년까지 총 4번의 대항해가 이루어졌다.

스페인은 눈을 돌려 남아메리카로 진출했으며 오랫동안 그들을 지배했다. 현재 브라질을 제외한 대부분의 남미 국가들이 스페인 어를 사용하는 이유가 이 때문이다. 당시 스페인이 남미에서 들여온 금과 은의 양은 실로 어마어마한 것으로, 이러한 과정에서 스페인은 강성한 하나의 국가로 발돋움하는 듯 보였다. 그러나 내부적으로는 갈등의 씨앗이 점점 커지고 있었다.

정략적으로 결합한 아라곤과 카스티야, 두 왕국의 결속은 쉽게 다져지지 않았고, 신대륙 정복으로 인한 폭발적인 부의 증대가 카스티야 지역에 편중되면서 카탈루냐 지방의 상대적 소외감이 점차 커졌기 때문이다. 이러한 두 지역의 갈등은 제2차세계대전 당시 독재자 프랑코가 카스티야를 제외한 나머지 지방, 특히 카탈루냐 및 바스크 지방을 극심하게 탄압하면서 더욱 극대화되었다. 탄압의 과정에 히틀러가 개입하면서 바스크 지방의 작은 마을 게르니카에서는 폭격기를 동원한 대학살까지 자행됐고 참혹했던 당시 순간을 피카소가 그림으로 표현했는데 바로 〈게르니카〉이다. 이러한 차별과 탄압의 역사는 지역 간의 문화적·심리적 경계를 어떠한 성벽보다 단단하고 견고하게 만들었다.

스페인의 지역성과 가우디의 건축세계

"안달루시아 인은 낙천적이고 유머감각이 뛰어나 기도를 하고, 카스티야 인은 명예를 매우 중시하고 일을 경시하여 꿈을 꾸며, 바스크 인은 거칠고 부지런하여 일을 하고, 카탈루냐 인은 경제관념과 이익에 밝아 저축을 한다.”

　이러한 스페인 사람들의 말처럼 스페인은 고유의 특성을 가진 다양한 지역들의 결합으로 이루어진 국가이다. 특히 카탈루냐는 스페인의 17개 자치주 중 지역성을 잃지 않고 현재까지 전통을 이어온 거의 독립적인 지역이다. 카탈루냐가 이런 독립된 지역성을 갖게 된 데에는 스페인의 복잡한 역사가 있었던 것이다. 하지만 이러한 역사적 복잡성에도 불구하고 스페인의 모든 지역에서 공통적으로 나타나는 이방인의 흔적이 바로 이슬람 문화이다. 혹시 800년이란 시간의 위력을 느끼고 싶은 사람이 있다면 스페인에 가 보길 추천한다. 전통적으로 이슬람의 건축은 벽면을 타일로 채우는 경우가 많은데 무슬림 지배기간 동안 스페인 역시 그 영향을 받았다. 그리고 이슬람 건축 양식을 스페인 식으로 새롭게 만든 것을 '무데하르 양식'이라고 한다.

　가우디는 자신을 카탈루냐 사람이라고 주장했고 그렇게 카탈루냐의 아름다움에 감탄하며 평생을 살았지만 그럼에도 불구하고 그가 스페인 사람이라는 사실은 부정할 수 없다. 그가 스페인 사람이라 생각했든 카탈루냐 사람이라 생각했든 간에 스페인의 역사적 사실마저 부정할 수는 없다. 가우디의 거의 모든 작품에서 화려한 색깔의 타일 장식을 볼 수 있는 것은 결코 이와 무관하지 않다.

　가우디의 초기 작품 중 하나인 '카사 비센스 Casa Vicens'를 보면 벽면에 타일을 덧붙이고 그 위에 꽃무늬를 그려 놓은 것을 볼 수 있다. 이렇듯 가우디의 초기 건축물에서는 타일에 직접 그림을 그리는 방식이 많이 사용되었다. 그러나 이후 작품들에서는 타일의 사용법이 바뀌는데, 마치 모자이크나 성당의 '스테인드글라스'처럼 깨뜨린 타일들을 붙여 나가는 형태로 바뀐다. 가우디가 1900년부터 약 14년간 공을 들였던 작품인 구엘 공원^{Parque Güell}에는 아나콘다만큼이나 긴 타일 장식 벤치를 볼 수 있는데, 다양한 색깔의 타일을 깨뜨려 붙임으로써 시각적 효과를 극대화했다. 특히 붉은색과 푸른색의 타일을 깨뜨려 사용함으로써 각각 강렬하게 쏟아지는 지중해의 햇살과 파도에 반사되는 빛을 나타내었는데, 뒤에서 살펴보겠지만 이는 지중해 연안에 맞닿아 있는 카탈루냐 지역의 지리적 특징과 무관하지 않다.

사진 2-2 가우디의 초기 타일 장식(카사 비센스).
ⓒ Arenagamma

사진 2-3 구엘 공원의 벤치. 깨뜨려 붙인 타일 조각이 화려한 조화를 이루고 있다. ⓒ Valeria Dios

그러나 이슬람의 타일 장식과 가우디의 것은 타일이라는 소재를 제외하고는 같지 않다. 왜냐하면 가우디는 카탈루냐의 역사라는 토대 위에 자신만의 건축 방식을 겹쳐 독창적 표현 세계를 구축하고자 '타일'이라는 재료를 사용한 것에 불과하기 때문이다. 이는 마치 스페인에 대한 800년간의 무슬림의 지배가 가우디에게 미친 영향이라고는 고작 타일을 사용한 것에 불과할 뿐이라고 생각될 수도 있다. 하지만 가우디에게는 특별한 스승도 없었고 그가 건축을 하면서 특별히 받아들인 건축 사조가 있는 것도 아니었음을 생각해 보면, 가우디 건축에 타일이 사용되었다는 사실만으로도 무슬림이 가우디에게 미친 영향이 작다고 치부할 수는 없을 것이다.

카탈루냐의 자연을 담은 카사 바트요와 카사 밀라

가우디는 열여섯 살 때까지 카탈루냐 동남부의 타라고나 지방 레우스에서 학교를 다녔다. 그는 어린 시절부터 폐병, 관절염 등으로 죽을 고비를 여러 번 넘길 정도로 몸이 쇠약해, 혼자 있는 시간이 유독 많았다. 혼자 있는 시간에는 책을 읽거나 산책을 했는데, 산책을 하다 만나는 나뭇잎, 바다, 바람, 햇살과 같은 자연에 깊이 매료되었다. 그는 자연이 가진 아름다움을 순수하게 사랑했다.

"나는 꽃, 포도나무, 올리브나무 들이 둘러싸인 곳에서 닭 울음소리, 새들이 지저귀는 소리, 곤충이 윙윙거리는 소리를 들으며 산을 바

라본다. 그리고 나의 영원한 스승인 자연의 순수함을 통해서 상쾌한 이미지를 얻는다."

　이와 같은 가우디의 말에서 그가 자연의 아름다움에 얼마나 심취했었는지 엿볼 수 있다. 그의 예술 인생을 열어 준 참스승은 다름 아닌 자연이었던 것이다. 특히 고향에서 멀지 않은 곳에 있었던 '몬세라트 산^{Mt. Montserrat}'은 훗날 가우디의 대작 카사 밀라^{Casa Milà}와 사그라다 파밀리아 (Sagrada Familia, Temple Expiatori de la Sagrada Familia, 성가족교회)에 큰 영감을 주었다고 알려져 있다. 6만여 개의 봉우리가 어우러져 경이로운 모습을 나타내는 몬세라트 산은 예수가 십자가에 못 박히는 순간 생겨났다는 전설이 있을 정도로 카탈루냐 지역 최대의 성지이다. 이러한 가우디의 자연에 대한 예찬은 신이 만든 자연이야말로 가장 완전하며 독창적이라는 결론에 이르게 되는데, 그에게 자연은 신의 작품이자 신의 표현이었다.

자연에 대한 가우디의 감동과 예술적 영감은 몬세라트 산에 머물지 않고 카탈루냐 지방 전체로 확대되는데, 카탈루냐 인임을 자랑스럽게 여겼던 가우디는 많은 사람들이 자연의 아름다움, 더 나아가서 카탈루냐 지역의 아름다움을 발견하기를 바랐다. 그래서 가우디 작품에서는 카탈루냐의 산과 바다가 표현의 중요한 요소가 된다. 그의 작품 곳곳에서는 자연에 보답이라도 하려는 듯 카탈루냐를 빛나게 하는 태양과 푸른 지중해가 표현된 것이 자주 발견된다. 그중 대표적인 건축물이 바로 카사 바트요^{Casa Batlló}

와 카사 밀라이다. 'Casa'는 스페인어로 '집'이라는 뜻이며, 따라서 카사 바트요와 카사 밀라는 각각 바트요와 밀라라는 이름을 가진 사람의 집이다. 이름에서 가우디가 이들 두 집안의 부탁으로 그들의 집을 새로 짓거나 리모델링했다는 사실을 알 수 있다. 카사 바트요는 사업가인 바트요가 가우디에게 의뢰해 카사 밀라보다 먼저 지어졌으며,

사진 2-5 카사 바트요.

2005년에 세계문화유산으로 지정되었다.

먼저 카사 바트요 내부를 살펴보자.

부드러운 곡선을 느끼게 하는 건물 정면의 테라스는 해골을, 기둥은 사람의 허벅지 뼈를 연상시키는데 이 때문에 '뼈로 된 집'이라는 뜻의 '카사 델스 오소스Casa dels ossos'로도 불린다. 테라스와 기둥부터 가우디의 독창성이 돋보인다. 가우디는 "나무의 줄기와 해골만큼 아름답고, 완벽한 구조는 없다."라고 말했다고도 한다.

내부 디자인 역시 그냥 지나치는 법이 없었다. 천장과 조명조차도 소라나 모래사장에 만들어진 모래 물결처럼 장식했다. 카사 바트요의 경우 타일로 장식된 외부뿐만 아니라 내부에서도 카탈루냐의 바다를 느낄 수 있다. 가우디는 이 건물 자체를 '바다'를 주제로 만들었는데, 건물의 외관부터 블루 계열의 타일 장식으로 꾸며 파도가 일렁이는 해안에 온 것 같은 착각을 불러일으킨다. 내부에 들어서면 어디선가 드뷔시의 몽환적인 곡들이 흘러나와야 할 것 같은 분위기인데, 그 이유는 가우디가 건물의 창을 불투명하게 설치하여 마치 바닷속에 들어온 것 같은 분위기를 조성했기 때문이다. 빛이 들어오는 위치에 따라 채도가 다른 타일을 붙임으로써 수심에 따라 바닷물 색이 달라지는 것과 같은 효과까지 주었다. 현재 카사 바트요의 건물주는 층마다 관람료를 다르게 책정했는데, 건물주가 가우디의 의도를 정확히 꿰뚫고 있는 것 같다.

다음으로 카사 밀라는 사업가인 밀라와 그의 아내가 카사 바트요를 보고 한눈에 반해 의뢰했다고 알려져 있는데, 카사 바트요 맞은

편에 자리 잡고 있다. 카사 밀라는 그가 사적으로 의뢰받은 마지막 작품으로 혼신의 힘을 다해 건축했다고 한다. 공사는 1906년부터 5년에 걸쳐 진행되었는데, 가우디가 어릴 적 경외하며 보았던 몬세라트 산에서 영감을 얻어 '산'을 주제로 설계되어 건물이 부드럽고 자유로운 곡선으로 지어졌다. 이 때문에 그 모습이 마치 채석장과 흡사하다 하여 '채석장'이라는 뜻의 스페인 어인 '라 페드레라'La Pedrera'로 불리기도 한다.

사진 2-8 **카사 밀라.** © Yair Haklai.

내부로 들어가면 당대 상류층 가정의 모습을 볼 수 있다. 카사 밀라의 계단, 창문, 난간, 지붕에는 그 어느 것 하나 소외된 것 없이 가우디의 정성이 녹아 있다. 투구를 쓴 중세 기사를 표현한 굴뚝은 영화 〈스타워즈〉 제작진이 '다스 베이더' 캐릭터를 만드는 데 영감을 주었다고 한다. 가우디의 독창성은 200년이 지난 현재까지도 살아 숨쉬고 있다.

카사 밀라에서 눈여겨봐야 할 것 중 하나는, 바로 철제 구조물이다. 어린 시절 미술 시간에 동판화를 찍기 위해 손가락 끝에 불이 날 것 같은 고통을 겪으며 열심히 문질렀던 경험이나, 제철소에 견학 갔을 때 붉게 달궈진 철들이 이동하는 모습을 멀리서 지켜보는데도 그 열기가 느껴졌던 기억을 되새겨 볼 때 철제 구조물을 만드는 일이 결코 쉽지 않을 것이란 점은 충분히 알 수 있다. 그럼에도 카사 밀라의 철제 구조물들은 마치 철이 아닌 엿가락을 휘어 만든 것처럼 자유롭다. 부드럽게 곡선을 이루는 그의 장식들은 직접 만져 보아야만 철이라는 사실을 알 수 있을 정도이다. 사실 가우디는 이것을 얕은 바닷속에서 물결에 따라 움직이는 해조류를 상상해 만들었다고 한다. 이처럼 부드러운 곡선에 대한 가우디의 건축 신념은 그의 작품 곳곳에 녹아 있으며, 주물제조업자였던 아버지가 일하는 모습을 보고 자란 영향도 있었을 것이다.

하지만 천재 건축가 가우디의 작품을 놓고 온갖 혹평이 난무한 적도 있었다. 극단적인 평가를 받는 가우디의 작품들은 이후 자연주의 혹은 민족주의 건축가들에 있어서는 어느 정도 선구자적 역할을 했

사진 2-9 카사 밀라의 '다스 베이더'의 모티 **사진 2-10** 카사 밀라의 철제구조물.
프가 된 굴뚝. ⓒ Bernardu Gagnon.

다고 볼 수 있다. 그 증거는 바로 가우디의 자연 사랑 그 자체를 보
여 주는 건축물인 '구엘 공원'이다. 가우디는 구엘 공원을 짓는 과정
에서 나오는 돌멩이 하나도 골라내어 버리지 않았다. 그 이유는 있는
그대로의 건축, 자연에 녹아든 건축을 최고라 여겼기 때문이다.

구엘 공원

가우디의 작품들 중에는 앞서 살펴본 '카사 밀라', '카사 바트요'처럼 사람 이름으로 된 것들이
유독 많다. 하지만 그중에서도 그의 친구이자 후원자였던 직물업계의 거장, 에우세비 구엘 바
시갈루피(Eusebi Güell Bacigalupi)와의 인연은 아주 각별하다. 구엘은 가우디와 처음 인연을
맺은 이후 모든 건축을 가우디에게만 맡겼을 만큼 신뢰가 깊었는데 그의 제안으로 '구엘 궁전
Palau Güell'이 만들어지고 '구엘 공원'이 만들어졌다. 특히 구엘 공원은 19세기 말 영국에서
유행한 전원도시를 모티브로 하여 부유층만을 위해 계획한 전원주택단지였는데, 규모나 표현
력 면에서 단연 돋보이는 작품 중 하나이다.

100년이 지난 지금도 돋보이는 구엘 공원의 규모는 건축 당시의 카탈루냐 지방의 경제적 성장과 밀접한 연관이 있다. 사실 스페인 역사에서 카탈루냐는 카스티야의 세력에 눌려 소외된 지역 중 하나였다. 카탈루냐가 스페인에서 경제적으로 가장 부유한 지역으로 성장하게 된 것은 스페인 전체 역사에서 보자면 얼마 되지 않은 일이다.

현재 바르셀로나에는 스페인 산업의 다수가 입지해 있으며, 소득의 절반 가까이를 차지하고 있는 지역이기도 하다. 일반적인 거점 중심의 개발 정책에서 카탈루냐처럼 소외된 지역들이 이와 같은 반전에

사진 2-11 구엘 공원 전경. ⓒ Fabio Alessandro Locati.

가까운 성장을 하기란 쉽지 않다. 하지만 카탈루냐는 소외의 역사를 이겨내고 카스티야를 넘어설 만한 중심 지역으로 성장했다. 그 배경에는 가우디가 예찬해마지 않았던 카탈루냐의 지리적 특성들이 있다.

카탈루냐는 스페인 북동부에 위치한 지역으로 피레네 산맥 남쪽에 넓게 펼쳐지며 지중해를 마주하고 있어 기후가 온난하다. 이로 인해 카스티야 중심의 개발 정책에도 불구하고 유럽과 아시아, 아프리카에 걸친 활발한 교역을 통해 독자적 무역 관계를 형성할 수 있었다. 뿐만 아니라 지중해를 따라 지리적으로 프랑스 남부와 연결되면서 험준한 피레네 장벽에도 불구하고 서부유럽을 중심으로 한 산업혁명의 흐름에서 도태되지 않을 수 있었다. 즉 지중해와 대서양을 잇는 동시에 유럽·아시아 그리고 아프리카의 다양한 문화가 자연스럽게 만나는 교점이었다.

1883년 이후 이러한 지리적 이점을 바탕으로 교통이 발달했고, 이와 함께 바르셀로나의 건설업은 호황을 누렸으며, 쿠바에 대한 수출이 왕성해지고 막대한 자금이 유입되면서 은행업이 크게 성장했다. 전에 없던 운송업과 철강업, 더불어 최고조에 오른 섬유업의 발달 등으로 도시는 놀라운 속도로 부유해졌다. 당시 카탈루냐에는 이런 급속한 경제성장에 의해 많은 신흥부자들이 등장했고, 카탈루냐에서 손꼽히는 신흥부자들 중 한 명이 가우디의 친구이자 최고의 후원자였던 구엘이었다.

구엘은 막대한 재산으로 여느 왕족과 귀족 못지않은 부를 누렸다. 그는 자신의 사회적 지위를 보여 줄 수 있는 호화롭고 독특한 건축물을 원했으며, 가우디는 그런 그의 욕망을 가장 완벽하게 채워 준 유일한 건축가이자 친구였다. 19세기 말, 바르셀로나 지역이 누린 시대적 풍요 덕분에 도시 전체가 가우디를 비롯한 당대 예술가들의 표현의 장이 될 수 있었다.

18세기 말 산업혁명을 겪은 영국은 1800년에 비해 100년간 인구가 7배나 증가했고, 그에 따라 주거시설이 매우 열악했다. 과밀주거, 지하주거 등 불량주택은 물론이고 환경오염으로 위생상태도 최악이었다. 이 같은 상황에서 건강한 사회를 꿈꾸는 사회개혁가들에 의해 도시개조운동이 일어났다. 특히 에버니저 하워드^{Ebenezer Howard}는 전원도시운동을 제창하면서 현대적 도시계획의 획기적인 전기를 마련하였다.

스페인 역시 산업화로 인해 도시가 성장하게 되면서 이전에 비해 훨씬 도시 생활이 복잡해졌다. 영국이 그러했듯이 구엘 역시 그런 도시 문제들에서 벗어나고자 했을 것이다. 결국 구엘은 자신의 재력을 바탕으로 가우디와 함께 당시에 영국에서 유행하던 전원도시를 바르셀로나에 도입하고자 했다.

본래 60가구 이상의 전원주택을 분양하기로 하고 1900년부터 1914년까지 14년여에 걸쳐 공사가 진행되었지만 안타깝게도 끝을 보지 못하고 중단되었다. 공사가 중단된 이유에는 여러 가지가 있었지만 그중 한 가지는 가우디의 고집이었다. 원래 공원부지는 가파르고 고르지 않아 기초 공사를 통해 인위적으로 정돈된 부지를 만들었어야 함에도 불구하고 가우디는 '자연'이라는 자신의 건축 철학을 끝까지 고수했다. 구엘 공원의 산책로를 보면 건축 철학에 대한 가우디

의 고집을 쉽게 발견할 수 있다. 산책로의 돌기둥은 공사과정에서 나온 돌과 흙을 그대로 사용한 것이며, 산책로 중간에 자라던 나무 역시 뽑지 않고 그대로 두었다. 산책로란 말 그대로 산책을 하기 위해 만들어진 길이다. 그런데 길 한가운데에 쓰러진 나무가 사람들의 통행에 지장을 준다면 건축하는 사람이라면 누구나 그 나무를 없애려 할 것이다. 하지만 가우디는 사람들이 그런 소소한 불편함을 감수하더라도 있는 그대로의 자연에 동화되어 그 속에서 일상의 편안함과 아름다움을 찾기를 바랐다. 구엘 공원의 많은 관광객들은 사람이 없는 잘 정돈된 산책로에서 사진을 찍기 위해 기다리곤 한다. 하지만 고목이 쓰러져서 산책로를 막고 있는 자연스러운 상황 속에서 사람들이 자유롭게 휴식을 즐기고 있는 모습, 이 모습이야말로 다른 어떤 화려한 수식어로도 표현할 수 없는 가우디의 건축물에 대한 최고의 찬사라 할 수 있을 것이다.

그렇다고 해서 가우디가 있는 그대로의 자연만을 고집한 것은 아니다. 가우디는 공원을 이용하는 사람들이 편안함을 느끼고 휴식을 취할 수 있도록 많은 배려를 하기도 했다. 그 대표적인 예가 벤치이다. 공원을 구불거리며 둘러싸고 있는 벤치는 벤치 본래의 기능을 잃지 않으면서도 자연스러운 아름다움까지 갖고 있는데, 가우디는 실제로 사람을 벤치에 앉힌 후, 앉았을 때 가장 편한 자세가 나오도록 설계했다고 한다. 여기에 더해 벤치를 타일로 장식해 동화 속에서나 나올 법한 이미지를 심어 주었다. 지중해의 강한 태양이 타일들을 비출 때의 모습은 마치 물보라에 빛이 퍼져나가는 것처럼 은은하게 아름답다. 설계상의 배려가 벤치의 실용성을 갖추게 했다면, 벤치를 둘러싼 타일 장식은 아름다움을 완성했다고 할 수 있다. 비록 공사는 늦어지고 중단되었지만 이러한 가우디의 자연친화적 발상이 있었기

사진 2-13 구엘 공원의 구불구불한 벤치.

에 구엘 공원은 사람들로 하여금 단순한 건축물이 아닌 그 이상의 가치를 느낄 수 있게 해 준다. 100년이 지난 현재까지 구엘 공원이 스스로의 가치를 갖고 살아 숨 쉬고 있는 이유가 여기에 있다.

가우디는 카탈루냐의 자연에서 건축에 대한 영감과 철학을 얻었고, 카탈루냐의 지리적 특성에 힘입어 그것이 현실화될 수 있는 환경을 누렸다. 결국 가우디는 카탈루냐의 자연이 내준 풍요로움의 최대 수혜자라해도 과언이 아니다.

종교와 신념으로 지어지는
사그라다 파밀리아

가우디는 생전 "인간은 창조하지 않는다. 다만 발견할 뿐이다."라고 했다. 이 말은 자연을 신이 만든 하나의 작품으로 본 그의 생각을 잘 보여 주며, 또한 이를 통해 가우디 작품 전체를 아우르는 키워드는 자연이라는 것을 알 수 있다. 가우디에게 자연은 신의 완벽한 창조물들이었고, 표현하고 싶고 표현해내야만 하는 궁극의 경지였다. 그래서 가우디의 건축은 자연과 분리되어 있지 않다. 그의 작품들 속에서 곡선과 조화라는 두 개의 특징이 반복되어 보이는 것은 바로 이 때문이다. 자연과 건축물의 단순한 조화를 넘어, 카탈루냐의 역사, 지리, 문화 그리고 그 안에 살아가는 사람까지 모든 것이 조화롭게 어우러지는 것을 최고로 여겼다. 또한 가우디는 어느 것 하나 치우침

없는 완벽한 건축을 추구했고, 그래서 그의 예술은 현실과도 동떨어지지 않았다. 아름답고 독창적이지만 결코 실용성을 간과하지 않았으며 오히려 그만의 독특한 건축 양식을 고안해 시대의 지적 한계를

사진 2-14 사그라다 파밀리아. ⓒ Bernard Gagnon

뛰어넘는 위대한 작품을 남겼다.

하지만 이것만으로 가우디에 대한 설명을 끝내기에는 태극기에서 태극 문양이 빠진 것처럼 매우 허전하다. 가우디의 건축이 '자연'이라는 이름으로 디자인되었다면, 가장 중요하다고 할 수 있는 기둥은 '종교'로 세워졌다. 그 이유는 가우디의 작품을 넘어 그의 인생에서 절대 빠질 수 없는 구심점이 바로 종교이기 때문이다. 가우디는 자신이 언제 죽을지를 알 수는 없었지만 자신이 죽기 전에 하고 가야 할 일은 분명히 알고 있었던 것 같다. 그는 자신의 능력을 힘들고 지친 사람들을 감싸는 데 썼다. 그리고 그들을 감싸고 하나로 묶을 방법을 종교에서 찾았다.

사그라다 파밀리아 Sagrada Familia는 탄생과 죽음 그리고 부활을 상징하고 있다. 사람이 한 번 태어나 죽는 것은 어쩔 수 없는 일이다. 새 생명이 태어났을 때 흘리는 축복의 눈물은 곧 죽음에 대한 근원적인 불안과 고독이 주는 두려움 때문일지도 모른다. 가우디는 스페인 사람들을 죽음에 대한 두려움으로부터 지켜 그들 모두가 행복하게 살다가 부활이라는 하나님의 약속으로 천국 땅에서 다시 태어나 영원한 행복을 누리게 할 수 있다고 믿었다. 사람들이 마음의 평안과 행복을 얻어 돌아갈 수 있는 곳, 가우디에게 있어서 사그라다 파밀리아 성당은 그런 곳이었다. 그래서일까? 가우디 자신도 죽음 이후 그곳 지하에 묻혔다.

1882년에 짓기 시작해 아직도 미완성인 가우디의 마지막 작품, 사그라다 파밀리아. 가우디는 사그라다 파밀리아를 짓던 1926년 여느

사진 2-15 탄생의 파사드(Navity Facade) 조각. ⓒ Wiki Ktulu.

사진 2-16 수난의 파사드(Passion Facade) 조각.

때와 다름없이 공사 현장으로 가기 전 산책을 가던 중 전차에 치여 세상을 떠났다. 그는 로마 교황청의 특별한 배려로 성자들만 묻힐 수 있다는 '사그라다 파밀리아' 성당의 지하에 묻혔지만, 사고 당시에는 남루한 행색이어서 아무도 그를 알아보지 못했다고 한다.

　사그라다 파밀리아에서 'Sagrada'는 영어의 'Saint'에 해당하고 'Familia'는 'Family'이기 때문에 '성가족 성당'이라고 해석해 부른다. 19세기 후반 무렵, 유럽의 산업화가 급속화됨에 따라 자본주의의 발전과 도시화 현상 등 급변의 시기를 맞음으로써 스페인은 혼란에 빠졌다. 대부분의 도시에서는 사회적 결속력을 다질 만한 이렇다 할 대체물도 없이 오랫동안 유지해 왔던 전통구조가 무너졌다. 이 과정에서 가족을 포함해 사람들 사이의 모임이나 조직 역시 해체의 위기를 겪게 되었다. 이러한 시기를 함께 겪었던 가우디는 작품을 통해 다시 사람들에게 가족의 중요성을 일깨우려 했던 것 같다. 무엇보다 독실한 카톨릭 신자였던 가우디에게 가족은 혈연 이상의 종교적이고 정신적인 것이었다. 성당의 이름은 이러한 배경에서 연유한 것으로 보인다.

　가우디 신앙의 집합체이며 가우디 건축 철학의 집대성이라고도 할 수 있는 이 건물은 바르셀로나 관광객의 대부분을 이끈 근원점이라 해도 과언이 아닐 만큼 그 구조와 규모 등 모든 면에서 감탄을 금치 못하게 한다. 하지만 일상에서 쉽게 마주치는 일반적인 성당과 확연히 다른 모습 때문에, 심지어 그로테스크한 느낌까지 드는 이 건축물은 프랑스의 에펠탑처럼 자국민으로부터 외면당하고 비난의 대상이 된 적도 있었다. 그러나 지금은 그 가치와 우수성을 인정받아 세계문

사그라다 파밀리아의 탑과 탑의 창문들.

화유산에 등재된 인류의 보물이 되었다.

　예수의 탄생, 수난, 부활을 상징하는 세 입구와 열두 제자를 상징하는 12개의 탑을 큰 구조로 하고 있으나 가우디 생전에는 탄생의 문만이 완성되었을 뿐이며, 12개의 탑 역시 미완성이다. 그의 생전에 완성된 탄생의 문은 장식 하나하나가 수작업을 통해 만들어졌다. 비록 매끈하거나 균형 잡힌 모습은 아니지만 투박함 속에 자연스러움이 묻어 있고 그런 자연스러움이 인위적이지 않은 섬세함을 보여 준다. 그래서 탄생의 문을 올려다보는 사람들은 가우디의 섬세함에 놀라 감탄사조차 내지를 수 없게 된다. 이는 가우디 사후에 완성된 수난의 문과의 대조를 통해 더욱 두드러진다. 또한 부활의 문을 받치고 있는 사선의 아치형 기둥은 가우디가 고안한 그만의 방식으로 만들어졌는데, 보통의 아치형 기둥이 양옆에 받침기둥을 가지고 있는 것과 달리 가우디는 양쪽 기둥의 평형을 맞춤으로써 보조기둥으로서의 받침 기둥을 생략했다.

성당을 더욱 돋보이게 하는 12개의 탑은 앞에서 잠시 언급했듯이 몬세라트 산에서 영감을 얻어 설계했는데, 실제로 이 탑을 가만히 보고 있으면 모양이나 색상에서 몬세라트 산의 바위봉우리들을 자연히 떠올리게 된다. 탑 꼭대기는 꽃모양으로 장식했으며, 탑에는 수많은 창을 만들어 성당에서 연주되는 음악이 보다 넓은 지역으로 울려 퍼지는 효과를 주려 했다. 성당 자체가 하나의 악기인 것이다. 또한 건물 외벽 곳곳에 달팽이, 도마뱀, 새 등이 조각된 것을 볼 수 있으며,

사진 2-18 사그라다 파밀리아의 외벽 조각.

성당 내부는 마치 삼나무 숲에 온 것 같은 모습으로 기둥이 서 있다. 실제로 가우디는 성당 내부가 고요하고 편안한 분위기여서 마치 숲속에서 자연과 하나 되는 장소이길 바랐다고 한다.

이처럼 가우디는 산, 나무, 꽃, 동물 등 카탈루냐의 자연 그대로를 이 성당 속에 담아내려 했으며, 종교로써 그 모든 것을 떠받치고자 했다. 그는 "자연의 질서는 하나님이 창조한 것이고, 그것을 건축가가 알아차리고 지으면 하나님의 창조 사업에 기여한 것이다."라고 말했

사진 2-19 사그라다 파밀리아 제단.

는데, 여기에서 가우디가 성당 건축을 통해 어떤 메시지를 전하고자 했는지를 알 수 있다. 그에게 성당 건축은 하나님의 창조 사업을 이어가는 것이었으며, 이러한 그의 메시지는 현대 건축가들에 의해 이어져 가고 있다.

한 해에 평균 22억의 건축 비용이 든다는 이 공사는 오로지 관광 수입과 기부금으로만 오늘날에도 계속되고 있으며 앞으로 완성까지 남은 시간 역시 유동적일 수밖에 없다. 남은 생이 그리 많지 않다는 것을 알고 있던 가우디는 사그라다 파밀리아를 자신의 손으로 완성할 거란 생각은 처음부터 하지 않았다.

"슬프게도 내 손으로 성가족 성당을 완성시키지는 못할 것이다. 그러나 내 뒤를 이어 완성시킬 사람들이 나타날 것이고 이러한 과정 속에서 성당은 장엄한 건축물로 탄생하리라. 시대와 함께 유능한 예술가들은 자신들의 작품을 남기고 사라져 갔다. 그렇게 아름다움은 빛을 발한다."

그의 뒤를 이어 유능한 예술인들이 참여하면서 조금씩 그들의 생각이 반영되었는데 이를 두고 순수성 논란이 있었다. 그러나 가우디는 이미 알고 있었다. 성당의 완성은 남은 사람의 몫이며 그리고 그들 역시 그들이 살았던 시대의 작품을 남길 것이란 점을. 그리고 그렇게 지어진 것은 어느 한 사람의 작품이 아닌 그 지역에 살아왔으며, 살고 있고, 살아 갈 모두의 작품으로 기억된다. 왜냐하면 건축은 한두 명의 사람이 아니라 시대와 그 시대를 살아가는 이들 모두가 함께 짓는 것이기 때문이다.

카탈루냐의 역사, 지리 그리고 영혼이 담긴 건축

　지금까지 살펴본 것처럼 가우디의 작품 속에는 카탈루냐의 역사, 지리 그리고 사람이 담겨 있다. 가우디 작품마다 등장하는 독특한 타일 장식에서 카탈루냐 식민지 역사의 한 면을 보고, 화려한 외관과 웅장한 규모에서 산업화 시기의 번화했던 카탈루냐를 보며, 곳곳에 배치된 각종 동·식물의 형상들을 통해서는 카탈루냐의 자연을 볼 수 있다. 그리고 카탈루냐 곳곳에 자리 잡은 그의 건축물들을 통해 창조주에 대한 순수한 경외 아래 살다 간 가우디의 삶 역시 볼 수 있다. 그래서 가우디를 통해 카탈루냐를 알 수도 있지만, 반대로 카탈루냐를 통해 가우디에 대해 알 수 있기도 하다.

　가우디를 시대와 지역을 대표하는 멋진 건축물들을 남긴 건축가로만 평가할 수도 있지만 그의 작품들이 카탈루냐의 모든 것들과 얼마나 조화로운지를 보고 느낀 사람이라면 카탈루냐의 지역성을 재탄생시킨 도시 전체의 설계자라는 평이 더욱 적절하다고 말할 것이다. 하지만 그가 카탈루냐 인과 스페인 사람들을 넘어 전 세계적으로 존경받고 사랑받는 건축가로 기억되는 것은 세상 모든 것을 사랑한 그의 순수함, 그 자체 때문일 것이다.

Harmensz

van Rijn

Rembrandt

3교시

네덜란드의 '황금의 17세기'를 누린
렘브란트

네덜란드의 화가이자 동판 화가, 하르먼스 판 레인 렘브란트. 레오나르도 다 빈치와 함께 17세기 유럽 회화사상 최대의 화가이다. 1632년 암스테르담 의사조합으로부터 위촉받은 〈니콜라스 튈프 박사의 해부학 강의〉라는 작품으로 호평을 얻은 후, 암스테르담에서 명성이 높아졌다. 렘브란트는 회화뿐 아니라 판화로도 유명하며 특히 에칭은 그가 완성한 독특한 판화 형식이라고 할 수 있다. 렘브란트의 작품은 대상을 사실적으로 묘사하면서도 색채 및 명암의 대조를 강조함으로써 의도하는 회화적 효과를 올리는 데 그의 특색이 있다. 이 때문에 오늘날 우리는 렘브란트를 '빛과 어둠의 화가'라고 부른다.

'세기의 화가', '빛의 화가', '17세기 유럽 회화 사상 최대의 화가.' 바로크 시대와 네덜란드를 대표하는 그는 바로 하르먼스 판 레인 렘브란트(Harmensz van Rijn Rembrandt, 1606~1669)이다. 렘브란트는 그림을 그릴 때는 빛을 그 누구보다도 자유롭게 사용했지만 인생에서는 빛보다 어둠이 더 많았다.

　렘브란트는 1606년 7월 15일 조이트홀라드 주 레이덴에서 중산계급으로 출생했다. 어릴 때부터 미술에 소질이 많았던 렘브란트는 레이덴의 화가인 스바넨부르크에게 도제로 3년을 배우고, 암스테르담을 떠나 피테르 라스트만^{Pieter Lastman}의 문하생으로 들어가 6개월간 그림을 배운 뒤 1626년 즈음 레이덴으로 돌아와 아틀리에를 열었다.

근대적 명암의 시대를 열다

└ 은밀하고 비밀스러운 해부학 강의

　17세기 네덜란드는 개신교의 공화국이었다. 레오나르도 다 빈치, 라파엘로, 미켈란젤로를 동경하던 젊은 화가 렘브란트는 그들처럼 종교화나 역사화를 그리고 싶었지만 개신교, 즉 프로테스탄트 공화국에 살던 그에게 그러한 그림을 요구하는 사람들은 적었다.

시기적으로 네덜란드는 해상강국으로 상공업자들이 많은 부를 축적하여 중산계급으로 성장하던 시기였고, 부와 권력을 가지게 된 신생계급인 프로테스탄트 부르주아 계급은 왕이나 귀족들의 전유물이었던 초상화에 관심이 점점 높아졌다. 이런 시대적 상황 덕분에 렘브란트의 초상화는 큰 성공을 이루었고, 그는 명실상부한 네덜란드 최고의 화가로의 첫 걸음을 내딛을 수 있었다.

제일 먼저 그에게 초상화를 주문했던 인물은 니콜라스 루츠라는 사람이었다. 기존의 왕이나 귀족들의 초상화가 자신의 부나 권력을 드러내 보이기 위해 다소 판에 박힌 형식으로 그려졌다면 렘브란트의 초상화는 절제된 빛을 자유자재로 사용하며 초상화가 가지고 있

프로테스탄트 부르주아, 그들은 누구인가?

부르주아(bourgeois)의 사전적인 의미를 찾아보면 중세 도시 국가의 주민들을 일컫는 말이다. 하지만 근래에 와서는 무역과 상업을 통해 막대한 부를 축적한 시민혁명의 주체 계급을 뜻한다. 이들은 귀족과 성직자와는 다른 제3계급임을 자처하며 '나라의 주인은 백성이다'라는 주권재민을 주장했다.

그림 3-1 샤를 테브냉(Charles Thevenin Charles Thevenin), 〈바스티유 함락(Prise de la Bastille)〉, 카르나발레 미술관, 18세기경.

는 사실적인 부분뿐만 아니라 주인공의 내적인 부분까지도 그리려 노력했다.

질 좋은 모피, 위엄 있는 콧수염과 날카로운 눈매, 능동적인 성격임을 보여 주는 몸동작 등 렘브란트는 자신만의 기법으로 표현했다. 이러한 렘브란트의 초상화는, 부와 교양을 두루 갖춘 계급이라는 점을 기존의 귀족들에게 드러내고 싶었던 프로테스탄트 부르주아의 입맛에 딱 맞아 떨어졌다.

이후 그의 초상화는 유명세를 탔고, 1632년 암스르테담 외과의사 조합에서 단체 초상화를 그려 달라는 제의를 받게 된다. 개인 초상화만 그려 왔기 때문에 단체 초상화는 처음이었지만 이를 계기로 렘브란트는 다시 한 번 당대 최고의 초상화가라는 입지를 굳히게 된다.

〈니콜라스 툴프 박사의 해부학 강의〉를 보면 호기심에 가득 찬 눈빛을 한 7명의 사람들이 해부학 강의를 듣고 있다. 가운데 사선으로 길게 누워 있는 시신과 그 시신 앞에서 해부학 강의를 하는 신사의 모습은 빛과 그림자의 극적 대비로 섬세하게 표현되어 있다.

렘브란트는 가장 밝은 빛을 가운데 누워 있는 시신에 집중시켰다. 반사광을 통해 청강생들의 얼굴과 툴프 박사의 손을 밝게 표현하고, 그 이외의 부분들을 어둡게 표현함으로써 빛과 어둠이 대조를 이루

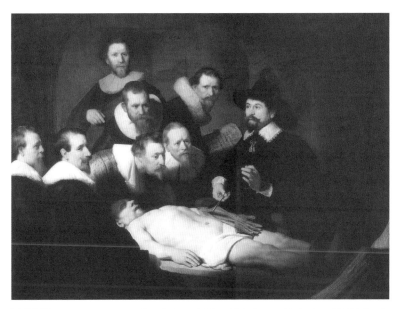

그림 3-3 하르머스 판 레인 렘브란트, 〈니콜라스 툴프 박사의 해부학 강의〉, 1632, 마우리츠하이스 왕립미술관 소장.

며 긴장감을 고조시키고 있다.

시체의 발아래에는 커다랗게 펼쳐진 책이 한 권 있다. 이 책의 제목은 '해부학 교본'으로 베살리우스가 쓴 것이다. 베살리우스는 해부학의 창시자라고도 불리는데, 툴프 박사의 스승이 바로 베살리우스의 제자였다고 한다. 따라서 툴프 박사 또한 그의 스승으로부터 베살리우스의 이론을 배웠을 것이고, 그 당시 최고의 지성인으로 불리던 그의 가르침을 받은 툴프 박사의 해부학 강의는 교양인이 되려는 자들이 꼭 듣고 싶어 하는 강의였다.

당시 네덜란드에서는 해부학이 큰 인기를 끌었다. 인기가 날로 높

아짐에 따라 처음에는 비공개로 진행이 되던 강의도 원하는 사람들이 많아지자 점차 공개로 진행되기 시작했고, 한번 해부학 강의가 있다고 하면 사람들은 구름떼처럼 몰려들었다.

└ 〈야간순찰〉은 사실 낮이었다?

렘브란트는 기존의 초상화에서 중요시하는 외적인 유사성에서 벗어나 인간의 내적인 것에 중점을 두어 그림을 그리려 노력했다. 이러한 성향이 여실히 드러나는 작품이 바로 〈야간순찰〉이다.

이 작품은 프란스 반닝 코크 대장과 반 로이텐부르크 부관의 명령에 따라 출격하려는 민병대의 모습을 담은 단체 초상화이다. 렘브란트를 대표하는 최고의 작품 중 하나로 손꼽히지만 아이러니하게도

그림 3-4 하르먼스 판 레인 렘브란트, 〈야간순찰〉, 1642, 암스테르담 국립미술관.

그에게서 부와 명성을 빼앗아 버리는 계기가 된 작품이기도 하다.

〈니콜라스 튤프 박사의 해부학 강의〉로 명성이 높아진 렘브란트가 주문을 받은 이 단체 초상화는 이전에 렘브란트가 그렸던 작품을 기대하던 사람들에게 큰 실망감을 안겨 주었다. 대부분이 단체 초상화가 줄을 지어 서 있거나 정적으로 표현되는 것에 반해 렘브란트의 초상화는 인물 한 명 한 명의 표정과 동작을 놓치지 않으면서도 초상화라고 생각이 들지 않을 정도로 역동적이고 드라마틱한 내용을 담고 있는 경우가 많았기 때문에 많은 사람들에게 사랑을 받았었다.

하지만 작품을 주문했던 사람들은 완성된 작품을 보고 실망할 수밖에 없었다. 자신이 위엄 있는 모습으로 드러나길 바랐던 사람들은 어두운 배경 속에 묻혀 흐릿하거나 형체조차 제대로 보이지 않는 초상화를 보고 격분했다.

렘브란트는 어두운 배경에 밝은 빛을 받고 있는 두 사람을 통해 좀 더 극적으로 작품을 표현하려고 했던 것인데 그 당시의 사람들에게 이러한 기법은 받아들여지기 어려웠다.

한편 렘브란트의 〈야간순찰〉에는 숨겨진 비밀이 있다. 제목이 말해 주듯이 우리는 이 작품을 야간에 순찰하는 시민 민병대의 모습을 그린 것이라고 알고 있다. 그 이유는 작품 자체가 어두운 배경을 가지고 있고, 또 그 당시 시민 민병대의 주된 업무가 야간에 순찰을 하는 것이기 때문이다. 하지만 사실 〈야간순찰〉의 배경은 밤이 아니라 낮이라고 한다. 원래는 저렇게 어두운 그림이 아니라는 말이다. 그렇다면 어떻게 어두운 그림으로 변하게 된 것일까?

비밀의 열쇠는 렘브란트가 즐겨 썼던 물감에 있다. 그가 즐겨 썼던 색은 흰색, 노란색 그리고 주황색을 띠는 버밀리온이었다. 이 계통의 물감들에는 납과 황의 성분이 많이 들어 있는데, 납과 황이 공기 중에 방치되면 검게 변하는, '흑변 현상'을 일으키게 된다. 그로 인해 시간이 지남에 따라 캔버스를 덮고 있는 색이 원래의 색을 잃고 점점 어둡게 변한 것이다.

또 렘브란트는 작품을 오래 간직하기 위하여 코팅제 역할을 하는 바니시를 덧발랐는데, 그 당시 전통 회화 기법은 자고로 차분하고 고풍스러워야 한다는 믿음이 강해서 갈색 빛깔의 바니시를 덧발랐다고 한다. 여기에 과거에는 작품을 보수하는 수준이 형편없었기 때문에 계속해서 덧칠해진 바니시와 먼지가 함께 정착되어 더욱 어두운 분위기의 그림이 되었다는 것이다.

그림의 비밀을 알고 보면 원래의 그림 제목인 〈프란스 바닝 코크 대위의 중대The Militia Company of Captain Frans Banning Cocq〉라고 부르는 것이 더 맞는 것 같다. 〈야간순찰〉이라는 제목은 1800년경 후대 사람들에 의해 붙여진 것이라고 한다. 이처럼 이 작품은 흥미로운 점이 많다. 한 화가의 인생을 바꿔 놓는 계기가 되기도 했고, 화가가 의도하지 않은 제목이 따라 붙기도 했으니 말이다.

└ 타고난 이야기꾼 렘브란트

〈그림 3-5〉에서 공포에 질려 울부짖고 있는 아이는 그리스 신화에 나오는 가니메데스이다. 인간인 소년 중에 가장 뛰어난 미모를 가진 가니메데스의 아름다움에 매료된 제우스는 자신을 시중 들 아이로 삼기 위해 독수리로 변해 그를 납치하여 올림포스 산으로 데려왔다. 그리고 신의 술인 넥타르를 따르는 시동(侍童)으로 삼았다. 사실 신의 세계에서 술을 따르는 것은 영원한 생명과 젊음을 보장받는 영광스러운 일이었다. 하지만 그 일을 하던 젊음의 신 헤베가 헤라클레스와

그림 3-5 하르머스 판 레인 렘브란트, 〈독수리에게 붙들린 가니메데스(The Abduction of Ganymede)〉, 1635, 드레스덴 국립 미술관 소장.

결혼을 하는 바람에 제우스에게는 그 자리를 대신할 누군가가 필요했던 것이다.

이 흥미로운 이야기는 렘브란트 외에도 페테르 루벤스Peter Paul Rubens, 외스타슈 르 쉬외르Eustache Le Sueur 등에 의해 그림으로 재해석되었다. 보통은 가니메데스를 매우 아름다운 미소년으로 그린 작품들이 많은데 렘브란트는 공포에 질려 얼굴을 찌푸리고 심지어 오줌까지 지리는 어린아이의 모습으로 표현했다. 아름다움의 대명사의 인물을 아름다움과는 거리가 멀게 그렸다.

렘브란트가 가니메데스를 이렇게 표현한 이유에는 여러 가지 가설이 있다. 그중 한 가지는 당시 렘브란트의 심정이 반영됐다는 것이다. 그림을 그리던 무렵 그는 결혼 후 처음으로 얻은 아들을 생후 두 달도 안 되어 잃었다고 한다. 자식을 잃은 아버지의 고통을 가니메데스를 빌어 표현했다는 것이다.

다른 한 가지 추측은 그림 속에서 이야기를 드라마틱하게 풀어낼 줄 알았던 천재 화가가 인간이 느끼는 고통에 초점을 두어 재해석했다는 것이다. 모두가 가니메데스의 아름다움만 표현하고자 할 때 렘브란트는 인간으로써 느꼈을 공포심에 초점을 맞추었다는 말이다.

렘브란트는 탁월한 이야기꾼이기도 했다. 〈결혼피로연에서 수수께끼를 내는 삼손Samson Tells a Riddle at his Feast〉에서 손가락을 꼽으며 이야기를 하고 있는 인물은 삼손이다. 그의 왼편에 가장 밝은 빛을 받고 있는 여인은 이 그림의 주인공인 삼손의 신부이다. 그녀는 다른 인물들과는 대조적으로 정적인 자세로 앉아 있지만 그녀에게 빛이 집중되

그림 3-6 하르머스 판 레인 렘브란트, 〈결혼피로연에서 수수께끼를 내는 삼손(Samson Tells a Riddle at his Feast)〉, 1638년, 드레스덴 국립미술관.

어 있다. 이 작품은 독실한 신자였던 렘브란트가 성경에 나오는 삼손의 결혼식 장면을 그림으로 옮긴 것인데 이 한 작품에 긴 이야기가 압축되어 있다. 여자에 약하고 내기를 좋아하며 경솔한 면이 있는 삼손의 모습, 결혼잔치임에도 행복할 수 없는 신부의 표정, 술과 호색에 정신이 팔린 사람들, 내기로 요행을 바라는 사람들의 모습이 생생하게 묘사되어 있는데 웅성웅성하는 말소리마저 들리는 것 같다.

소박함과 사색의 힘

└ 아버지의 자비롭고 무한한 사랑

렘브란트의 회화가 성숙해지면서 그는 외면적인 유사성에서 벗어나 내면의 깊이나 인간성을 탐구하여 그림을 그리고 싶어 했다. 그에 따라 렘브란트는 자화상이나 종교적인 그림을 자주 그리기 시작했는데, 특히 그가 자유롭게 구사하는 빛과 어둠 이라는 요소는 이러한 내면성을 표현하는 데 탁월한 역할을 했다.

렘브란트는 어둠 속에서 소량의 빛을 사용하여 보는 이로 하여금 경건함과 도덕성을 불러일으키게 했다. 이러한 기법은 렘브란트의 종교

그림 3-7 하르머스 판 레인 렘브란트, 〈성가족(The Holy Family)〉, 1645년, 에르미타주 미술관(상트페테르부르크).

화가 다른 종교화와는 달리 인간애가 넘치고 따뜻하다는 인상을 심어 주게 되었다.

〈돌아온 탕자 Return of the Prodigal Son〉는 렘브란트가 그린 최후의 미완성 종교화 중 하나이다. 돌아온 탕자 이야기는 성경을 읽지 않은 사람도 알 만큼 잘 알려진 이야기이다. 두 아들을 둔 아버지가 있었는데, 그 중 한 아들이 아버지에게 자신의 몫인 유산을 먼저 달라고 한다. 유

그림 3-8 하르머스 판 레인 렘브란트, 〈돌아온 탕자〉, 1668년, 에르미타주 미술관(상트페테르부르크).

산을 받은 아들은 그 후 외국으로 나가 방탕한 생활을 하고, 머지않아 모든 돈을 탕진하고 거리에서 굶어 죽을 지경이 되자 집으로 돌아온다. 그러한 아들을 보고 아버지는 신발도 신지 않은 채 달려 나가 아들을 맞이하고, 잘못을 뉘우치는 아들을 위해 살진 소를 잡으라고 명한다.

　작품을 보면 허름한 옷차림, 다 낡고 해진 신발, 벗어진 머리에서 돌아온 탕자인 아들이 얼마나 고생을 했는지 알 수 있다. 그를 맞이하는 아버지의 인자한 표정과 아들의 어깨를 감싸 안은 두 손은 아들에 대한 사랑과 연민, 그리고 오랜 기다림에 대한 반가움이 나타나 있다. 그에 반해 어둠 속에 있는 또 다른 아들의 표정에서는 미움과 시기, 질투가 보인다.

　이 작품에서 또 한 가지 주의 깊게 살펴볼 것은 아버지의 두 손이 서로 다르게 그려져 있다는 것이다. 왼손은 거칠고 큰 남성의 손으로 그려져 있고, 오른손은 매끈한 여성의 손으로 그려져 있다. 이것은 아버지의 무한한 사랑을 표현한 것인데, 여성의 손으로 표현된 인간적인 사랑과 남성의 손으로 표현된 신적인 사랑이 동시에 공존한다는 의미이다. 이러한 의미를 부각시키기 위해 렘브란트는 아버지의 두 손을 주위 배경보다 밝게 처리함으로써 아버지의 숭고한 사랑을 강조했다.

　한때 부와 명성을 누리며 남부러울 것이 없었던 렘브란트가 말년에 모든 것을 잃은 채 초라해진 인생의 끝에서 신에게 따뜻하게 위로받고 싶어 이러한 작품을 그리지는 않았을까 하는 생각이 든다.

∟ 갈릴리는 바다일까? 호수일까?

렘브란트는 초기부터 종교화를 그려왔지만, 삶이 어려워짐에 따라

그림 3-9 하르머스 판 레인 렘브란트, 〈갈릴리 호수의 폭풍〉, 1633년, 소장처 미상.

내면에 관심을 가지게 되면서 더 많은 종교화를 남겼다.

〈갈릴리 호수의 폭풍 The Storm on the Sea of Galilee〉 속의 예수와 그 제자들은 자연이 주는 시련 앞에서 너무나도 연약한 존재일 뿐이다. 무엇이든 집어 삼킬 듯한 파도로 인해 이미 배의 돛은 찢어지고, 줄은 끊어졌다. 배는 한쪽으로 한껏 기울고, 배의 중심을 지탱해 주는 기둥은 이미 제 역할을 못하는 것처럼 보인다.

〈풍랑을 만난 베드로의 보트〉라고도 불리는 이 작품은 성경 속 한 장면을 묘사한 것이다. 렘브란트는 배의 머리 부분에 다섯 명의 인물을 그리고 있다. 두려움에 떨며 돛을 잡고 있는 사람, 넘어지고 있는 배의 기둥을 온 몸으로 지탱하며 바로 세워보려 애를 쓰는 사람, 한 손으로는 줄을 잡고, 또 다른 한 손으로 물을 막아내 보려 노력하는 사람. 하지만 이들이 아무리 노력을 한들 자연의 무자비함 속에서는 속수무책일 뿐이다.

가운데 두 사람은 숨을 곳을 찾고 있고, 이미 한 명은 숨어서 두려움에 가득 찬 눈빛으로 밖을 응시하고 있다. 반대편에서는 예수를 중심으로 한 다섯 명이 자고 있는 예수를 깨우고, 그의 발밑에서 기도를 하며 육체적으로는 한계를 느끼며 구토를 하고 있다. 오로지 이 상황 속에서 평온한 모습을 유지한 인물은 예수뿐이다.

하지만 그 당시 사람들에게 갈릴리

사진 3-2 갈릴리 호수 전경.

바다의 풍랑은 단지 마귀가 사람들을 괴롭히기 위한 행동이었고, 풍랑을 만난 그들이 할 수 있는 일이라고는 살려 달라고 아우성치는 것밖에 없었다.

자연의 무자비함 앞에 내동댕이쳐진 예수의 제자들은 마치 어렵고 힘든 상황 속에 놓여 있는 렘브란트 자신의 모습을 나타내는 듯하다.

갈릴리 바다? 갈릴리 호수?

갈릴리 바다(사실은 호수이지만, 히브리어로 바다, 호수 등 물이 고여 있는 곳은 모두 '얌'이라고 불렀다.)는 이스라엘 북동부에 있는 호수이다. 모양이 하프와 비슷하기 때문에 '키네렛 바다'라고도 하는 갈릴리 호수는 둘레가 약 53km이고, 남북으로 21km, 동서로 11km이며 면적은 대략 166km²에 이른다. 북쪽에는 헤르몬 산이 있는데, 이곳 정상은 1년 내내 눈이 쌓여 있다. 이 눈이 녹아서 갈릴리 호수로 들어가 호수는 생물이 풍성하다고 한다.

사진 3-3 구글 어스로 본 갈릴리 호수.

이러한 갈릴리 바다는 평온하다가 갑자기 요동치는 호수로 유명했다. 호수이기 때문에 파도가 없을 것이라 생각할 수 있지만 해발 2,814m인 헤르몬 산에서 내려오는 차가운 바람과 서쪽 지중해에서 오는 바람이 만나게 되어 해질녘쯤 갈릴리 바다에서는 큰 파도가 일어난다고 한다.

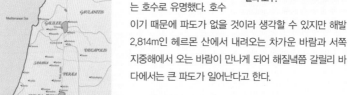

그림 3-10 갈릴리 호수의 지도상 위치.

인간의 표정에 내포된 비밀을 성찰하다

 렘브란트는 자화상을 많이 남긴 화가로도 유명하다. 평생 그가 그린 자화상이 100점이 넘는다고 하니 그를 자화상의 대가라고 불러도 과언이 아닐 것 같다.

 1932년 네덜란드 암스테르담에 정착한 후, 10년 가까이 부와 명성을 모두 가진 성공한 예술가로 살았던 렘브란트는 〈34세의 자화상 Self Portrait at the age of 34〉을 통하여 자신의 성공을 알리길 원했고, 이탈리아 화가들에게 자신의 능력을 증명하고자 했다.

 살이 오른 얼굴로 고급스러운 외투를 걸친 자화상 속의 렘브란트는 모든 것을 가진 듯하지만 거만해 보이지는 않는다. 절제된 빛과 그림자를 사용하여 겸손하며 인자한 성품의 인물을 나타냈다. 사실이는 실제 렘브란트의 성품과 매우 흡사하다고 한다.

 이렇듯 그가 구사하는 빛과 그림자는 단지 외적인 모습을 똑같이 표현하는 데 사용하는 도구가 아니었다. 작품 속 인물의 내적인 감정과 성품, 더 나아가 가치관까지 엿볼 수 있게 해 주는 최고의 기법

그림 3-11 하르머스 판 레인 렘브란트, 〈34세의 자화상〉, 1640년, 내셔널 갤러리(런던).

이었던 것이다.

최고의 전성기를 맞이한 젊은 화가의 모습을 그린 이 자화상은 이후 부와 명예를 모두 잃고 어두운 삶을 살아야 했던 천재 화가의 날카로운 내면 성찰의 시작을 알리고 있다.

〈63세 때의 자화상 Self Portrait at the Age of 63〉은 렘브란트가 죽기 전 해에 그린 그림이다. 힘든 시기였던 말년에 그린 자화상 속 모습은 결코 아름답지 않다. 젊은 시절의 당당함과 기품 있던 모습은 사라지고 모든 것을 겸허하게 받아들이는 깊은 눈과 담담한 표정이 그 자리를 차지하고 있다.

그림 3-12 하르머스 판 레인 렘브란트, 〈63세 때의 자화상(Self Portrait at the Age of 63)〉, 1669년, 내셔널 갤러리(런던).

그림 3-13 하르머스 판 레인 렘브란트, 〈제욱시스의 모습을 한 자화상〉, 1669년, 빌라프 리하르츠 미술관.

특히 〈제욱시스의 모습을 한 자화상〉의 렘브란트는 허무한 현실 속에서 아등바등 살아가는 우리들을 비웃기라도 하듯 알 수 없는 묘한 미소를 짓고 있다. 최고의 위치에서 가장 밑바닥까지 그 어떤 사람보다 파란만장한 삶을 살았던 그는 인생은 영원할 수 없고, 아무리 고통스러운 상황일지라도 영원한 것은 없기에 힘을 내서 일어날 수 있다는 것을 이야기하는 것 같다.

렘브란트의 판화

서양미술사에서 렘브란트는 유화만큼이나 에칭으로도 뛰어난 작품을 많이 남긴 화가로도 유명하다.

에칭이란 동판에 그라운드(밀랍, 송진 등의 혼합물)를 입히고 그 위에 뾰족한 도구로 밑그림을 그린 후 부식액으로 그라운드가 벗겨진 부분을 부식시켜 만드는 판화의 일종이다. 따라서 좌우가 바뀌어 나타나고, 여러 장을 찍을 수 있는 장점이 있다.

렘브란트의 에칭은 다른 화가들의 작품과는 달랐다. 그의 에칭은 단순히 선으로 형태를 나타내는 것에서 벗어나 수많은 선의 교차와 반복된 부식과정을 통해 판화에서도 깊고 풍부한 명암을 나타낼 수 있다는 것을 보여 주었다.

〈나무 세 그루가 있는 풍경 The three trees〉이라는 작품은 렘브란트가 에칭으로 그린 풍경화 중의 하나이다. 뾰족한 도구를 이용하는 판화

그림 3-14 하르머스 판 레인 렘브란트, 〈나무 세 그루가 있는 풍경〉, 1643년, 루브르 박물관.

그림 3-15 하르머스 판 레인 렘브란트, 〈병자들을 치유하는 예수 그리스도(일명 100 플로렌스)〉, 1649년경, 루브르 박물관.

임에도 불구하고 날카롭고 차가운 선에 드러나는 논리가 아니라 평화롭고 고요한 정서가 느껴진다.

렘브란트는 외형적인 모습을 똑같이 그려내는, 소위 그림만을 잘 그리는 화가가 아니었다. 그는 인간의 내면을 살필 줄 아는 눈을 가졌다. 렘브란트, 빛과 어둠의 마술사라 불리는 그의 작품은 인간이 느낄 수 있는 희로애락이 고스란히 담긴 하나의 삶인 것이다.

Francisco
José de Goya
y Lucientes

4교시

고야, 혼란의 시대에
폭력과 야만을 고발하다

프란시스코 고야. 18세기 후반부터 19세기 초 스페인 미술을 대표하는 화가이다. 고야에 의해 르네상스 때부터 이어져 내려온 '고전적 거장master으로서이 화가의 전통은 마감되고, '근대적인 예술가artist 화가'의 역사가 시작되었다. 82년의 생애 동안, 종교화, 초상화, 장르화뿐 아니라 당대의 역사, 개인의 환상이라는 다양한 주제를 프레스코, 유화, 동판화, 석판화 등의 매체로 다루어 수많은 작품을 남겼다.

Francisco
José de
Goya y
Lucientes

스페인의 수도 마드리드. 유럽 3대 미술관의 하나로 꼽히는 프라도 미술관에 강렬한 느낌을 주는 그림 한 점이 전시되어 있다.

그림에서 가장 먼저 눈에 띄는 것은 흰색 셔츠를 입은 남자이다. 남자는 두 손을 번쩍 든 채 총을 겨누고 있는 사람과 대치 중인데 무릎을 꿇고 있는 땅에는 이미 총살을 당한 사람들이 피를 흘리며 쓰러져 있다.

〈1808년 5월 3일〉, 이 그림을 보며 우리는 몇 가지 상상을 할 수 있다. 남자와 주변 사람들은 무기가 하나도 없는 것으로 보아 일방적으로 희생당할 처지인 듯 보인다. 그들의 눈에는 이미 죽음에 대한 두려움이 가득하다. 총부리를 겨누고 있는 사람들은 제복을 입고 있는 것으로 보아 군인들이다. 이 군인들의 표정을 우리는 볼 수 없다. 뒷모습만 보이기 때문이다. 다른 사람의 목숨을 빼앗고 있는 입장이지만 그 뒷모습에서 어떤 감정도 느낄 수 없어 더욱 잔인해 보인다. 그들은 그저 '총살'이라는 명령에 복종하고 있을 뿐이다.

이것은 '학살' 상황이다. 이 그림의 희생자들은 스페인 사람들이며 총을 들고 있는 군인들은 프랑스 군이다. 어째서 프랑스 군인들이 스

그림 4-1 프란시스코 고야, 〈1808년 5월 3일―마드리드 수비군의 처형〉, 1814년, 프라도 미술관.

페인 사람들을 학살하는 상황이 벌어진 것일까?

1808년의 프랑스와 스페인을 생각해 보자. 1808년의 프랑스는 세계사에 길이 남을 사건, 프랑스 혁명(1789년)의 소용돌이를 지나고, 나폴레옹 보나파르트의 지배를 받고 있었다. 나폴레옹이 프랑스만 지배하려고 했던 것은 아니다. 프랑스 혁명의 정신을 전파한다는 명분으로, 유럽 각국을 침략하고 있었다. 스페인도 예외는 아니었다. 스페인 사람들은 나폴레옹의 침략에 맞서 시위를 했는데 이것이 1808년 5월 2일의 일이다. 그리고 다음 날인 1808년 5월 3일 바로 시위대는 무자비하게 처형되었다. 새벽 4시부터 일어난 이 총살에서 많은 사람들이 목숨을 잃었다.

세계사 시간에 유럽의 역사, 그중에서도 영국, 독일, 프랑스의 역사를 주로 배운 우리에게 스페인에서 일어난 이 학살은 다소 낯선 사건일 수도 있다. 하지만 이 사건을 고발한 〈1808년 5월 3일〉이라는 작품은 이미 전 세계적으로 유명한 작품으로 남아 있다.

이 그림을 그린 프란시스코 고야 Francisco José de Goya y Lucientes는 스페인의 대표적인 화가로서 1808년 5월 3일의 무시무시한 사건을 그림을 통해 고발했다. 그는 주로 인간의 추악한 면, 폭력, 야만성, 위선, 부패한 권력 등을 풍자하고 그려냈다.

보통 우리는 미술품 하면 '아름다움'을 떠올린다. 모나리자의 미소가 지닌 온화한 아름다움, 미켈란젤로의 다비드상이 지닌 완벽한 육체의 아름다움, 고흐의 해바라기가 지닌 강렬한 아름다움. 대부분 유명한 미술 작품들은 세상의 아름다움을 잘 보여 준다. 그렇지만 고야의 그림은 단순히 아름다움만을 그려내는 작품이 아니다. 강렬하고 거칠고 어둡다. 끔찍하고 잔인하기 짝이 없는 인간의 추악한 면을 묘사한 그림들도 많다. 눈을 피하고 싶은 마음이 들지만 다시 볼 수밖에 없는 강렬한 힘을 지닌 그림들이 바로 고야의 작품들이다.

고야는 당시 스페인 사회에 나타나던 어두운 현실, 전쟁의 현장이나 부패한 권력, 이단 심문소, 마녀재판과 같은 광경들을 적나라하게 드러내거나, 신랄하게 풍자하기도 했다. 우울하고 기괴해 보이기도 한 작품의 성향은 고야가 죽음에 가까워질수록 더 심해졌다. 그래서 말

년에 그가 그린 그림들은 아예 '검은
그림'이라 불리기도 한다.

그렇다고 해서 고야가 세상에서 빛
을 보지 못해 불우하게 살았을 거라는
착각은 금물이다. 고야는 한때 스페인
의 궁정화가였다. 스페인 국왕의 총애
를 받던 출세한 화가였다.

그렇다면 고야의 삶이 과연 어떠했으
며, 그가 살았던 시대가 어떤 시대였기

그림 4-2 프란시스코 고야, 〈자화상〉,
1795, 메트로폴리탄 미술관.

에 그의 그림들이 '어두운' 특징을 지니게 된 것일까? 고야의 그림들
을 이해하기 위해서는 단순히 작품만 살펴보아서는 안 된다. 당시의
스페인 사회, 더 나아가서는 유럽 사회의 변화와 문제점을 함께 보아
야 할 것이다.

19세기 초 스페인 사회

스페인 하면 우리는 여름에는 햇볕이 쨍하게 내리쬐고 겨울에는
온화한 기후, 즉 지중해성 기후를 떠올린다. 실제로 이렇게 지중해성
기후를 가진 스페인의 지역들은 유럽 사람들의 휴양지로 사랑받으며
7~8월이면 관광객들이 많이 몰려든다. 여름에 뜨겁다고는 하지만 우
리나라처럼 고온다습한 것은 아니라서 불쾌지수도 높지 않고 햇빛이

닿지 않는 그늘은 아주 시원하기 때문이다.

하지만 이것은 지중해에 접해 있는 스페인 동부와 남부의 이야기이다. 스페인은 유럽에서 세 번째로 큰 나라이다. 그래서 지역에 따라 기후에 차이가 많다. 예를 들어 현재 스페인의 수도인 마드리드가 속해 있는 중앙부는 내륙에 위치해 있어서 여름에는 몹시 덥고 겨울은 춥다.

고야가 태어난 곳은 스페인 북동부의 아라곤이라는 지방의 중심지인 사라고사이다. 아라곤은 프랑스와 스페인을 가르는 경계인 피레네 산맥의 아래쪽에 위치하는 지역이다. 이곳은 해안가에 접해 있는 카탈루냐 지방 옆에 위치하지만, 기후가 카탈루냐와는 많이 다르다. 고야가 태어난 곳은 정확히 말하자면 사라고사에서도 좀 더 들어가야 있는 후엔데토도스라는 시골 마을이었다. 이곳 역시 혹독한 기후를 가지고 있다. 여름에는 거의 35도가 넘어가는 뜨거운 태양이 있지만, 겨울에는 피레네 산맥으로부터 차가운 바람이 불어오는 곳이다. 게다가 후엔데토도스 마을은 해발고도 800미터 정도의 높이에 있다. 우리나라의 고랭지로 유명한 태백산 근처의 높이가 800미터 정도이니, 이곳의 해발고도도 상당하다는 것을 알 수 있다.

사진 4-1 고야가 태어난 후엔데토도스 마을 전경.

땅 역시 황폐했다. 석회질로 이루어진 땅이라 곡물 농사를 짓기에는 그렇게 적합하지 않았다. 고야가 태어난 마을에는 우물이 단 하나였으니 마실 물도 넉넉하지 않았다. 당연히 경제적으로도 풍요롭지 못했다.

고야는 이렇게 황량하고 가난한 곳에서 1746년에 태어났다. 아버지는 도금 기술자였고 어머니는 하급 귀족 출신의 여성이었다. 넉넉한 환경은 아니었다. 그 때문인지 고야의 작품 중 아름다운 풍경을 그려낸 그림은 많지 않다. 특히 고향인 아라곤 지방을 그리워하며 그린 그림은 한 점도 없다.

고야가 태어나고 자란 곳을 살펴보았으니 이제 시야를 넓혀 보자. 고야의 조국 스페인이라는 국가는 과연 어떤 나라일까? 스페인이라는 국가를 생각하면 우리의 머릿속에 자연스럽게 떠오르는 것들은 정열의 나라, 투우, 플라멩코…… 대략 이 정도일 것이다. 하지만 이 대부분이 우리가 스페인에 대해 갖고 있는 고정관념일지도 모른다.

'정열'이라는 특성은 실제 스페인 전체를 아우를 만한 것은 아니다. 스페인의 어떤 지역 사람들은 감정적이지 않고 근면성실하기로 유명하고, 또 어떤 지역 사람들은 순하기로 유명하다. 고야가 태어난 아라곤 지방 사람들은 고집이 세기로 유명하다고 한다. 오죽하면 "아라곤 사람들은 머리로 못을 박는다"는 속담이 있을 정도이다. 고야도 아라곤 사람의 특성을 보여 고집이 꽤 셌다는 이야기도 전해진다.

스페인에 대한 두 번째 이미지는 플라멩코를 추는 사람들의 모습이다. 플라멩코라는 춤은 사실 스페인 전체 국민의 문화가 아니라 스

스페인 밤거리에서는 거리에서 플라멩고 공연을
쉽게 볼 수 있다. ⓒ Abaceria del sur

투우 경기 모습.

페인에 정착했던 집시들의 문화이다. 집시들은 인도에서 왔다고 일컬
어지는 스페인 내 민족 중 하나로 스페인에만 살고 있는 것은 아니고
유럽 각지에 흩어져 살고 있다. 물론 지금은 스페인의 대표적인 관광
상품으로 자리 잡고 있지만 스페인 중에서도 남부에 있는 안달루시
아 지방이 이 플라멩코의 본 고장이다.

스페인의 세 번째 이미지는 투우이다. 투우는 사람과 소가 맞붙어
싸우는 경기이다. 아마도 한 번쯤 빨간 망토를 흔드는 투우사와 망토
를 향해 덤벼드는 투우 장면을 본 적이 있을 것이다. 실제로 고야가
젊은 시절부터 투우경기에 직접 참가했었다는 이야기도 전해지며 실
제로 투우 장면을 묘사한 그림을 남기기도 했다. 하지만 소를 공개적
으로 죽인다는 잔인함 때문에 실제로 스페인 내에서도 투우를 반대
하는 사람이 꽤 많다고 한다.

스페인에서 매우 중요한 것이지만 우리가 놓치고 있는 부분이 하

나 있는데 그것은 바로 종교이다. 스페인은 꽤 엄격한 가톨릭의 나라이다. 고야가 살고 있던 시기는 물론이요, 현재까지도 가톨릭은 스페인의 주요한 종교이며 생활 방식이다. 스페인을 오랫동안 지배했던 이슬람 세력을 몰아낼 때부터 가톨릭은 중요한 의미를 지니고 있었다. 지금도 스페인 어떤 도시든 그 중심에는 성당이 있다. 고야가 살고 있을 당시에 스페인에 있는 성직자들, 즉 수녀와 수도사, 그 사제만 해도 전 인구의 4% 이상이었을 정도다.

이렇게 성직자가 많고 종교의 힘이 강했다면 당시 스페인 사회는 깨끗하고 경건한 사회였을까? 그건 아니었다. 힘이 강한 만큼 타락한 성직자들이 많고 종교가 돈벌이의 수단으로 전락하기도 했다. 고야는 타락하고 부패한 종교에 대해서도 비판의 끈을 놓지 않았다. 따라서 그의 그림 중에는 종교 현실을 풍자한 작품도 많다.

궁정화가에서 계몽주의자로

└ 출세의 길

고야가 일곱 살이 되던 해 그의 가족은 외떨어진 시골인 후엔데토도스 마을을 벗어나서 아라곤 지방의 제1도시인 사라고사로 이사했다. 그곳에서 고야는 초등학교 교육을 받았다. 수도원에 딸려 있는 학교였다. 수도원 학교의 교육 방법은 아주 엄격했던 것으로 전해지는데, 체벌이 존재했고 어린아이를 무자비하게 다루기도 했다. 고야도 이런 환경에서 교육을 받았던 것 같다. 훗날 그는 판화집에 무자비한 수도원 교육을 비판하는 그림을 남겼다.

고야가 미술을 제대로 배우기 시작한 것은 열세 살 부터였다. 물론 요즘처럼 그저 취미나 교육 목적으로, 어린 시절에 미술을 가르친 것은 절대 아니었다. 어디까지나 그림으로 먹고 살아가기 위한 일종의 직업 훈련이었다. 당시에는 궁정이나 귀족들의 초상화를 그리거나 교회의 그림을 그리면서 생계를 꾸려가는 사람들이 많았다.

열일곱 살이 되자, 고야는 드디어 스페인의 수도인 마드리드에 가게 되었다. 마드리드에는 산페르난도라는 왕립미술아카데미가 있었기 때문이다. 바로 이곳에서 장학생을 뽑고 있었는데 고야는 여기에 응시하기 위해 마드리드로 향한 것이었다. 하지만 이 시험에서 고야는 두 번이나 떨어지고 말았다.

고야는 시험에 실패한 이후 스물네 살에 로마로 간다. 당시의 로마는 그야말로 유럽 세계의 종교, 문화, 그리고 예술의 중심지였다. 하지만 이곳에서도 고야는 좌절을 맛보았다. 한 아카데미에 참가해서 좋은 평을 받기는 했지만 또 다시 시험에 탈락했고 얼마 되지 않아 다시 고향인 사라고사로 돌아왔다.

1773년 고향에 돌아온 고야는 호세파 바예우^{Josefa Bayeu}라는 여성과 결혼하게 된다. 이 여성은 어릴 때부터 알고 지낸 고향 친구였다. 결혼을 계기로 고야의 인생은 달라진다. 미술 아카데미의 선배이자, 고야보다 먼저 궁정화가로 자리 잡고 있던 프란시스코 바예우^{Francisco Bayeu}라는 사람이 호세파의 오빠였던 것이다. 고야의 처남이 된 바예우는 고야가 마드리드에 진출할 수 있는 발판이 되어 주었다. 고야가 고대하던 신분상승이 조금씩 이루어지게 된 것이다.

바예우를 통해서 당시 최고의 화가였던 안톤 라파엘 멩스^{Anton} Raphael Mengs를 소개받은 고야는 드디어 일자리를 얻게 되었다. 당시에 유행했던 태피스트리의 밑그림을 그리는 일이었다. 태피스트리라는 것은 벽을 장식하기 위해 손으로 짠 커다란 천으로 된 직물을 말한다. 이 직물을 실제로 짜기 전에 수놓일 밑그림을 화가가 그려야 했는데 이 일을 고야가 맡은 것이었다.

실로 엮어내는 예술품 – 태피스트리

이 아름다운 작품에 숨겨진 비밀은 무엇일까? 종이에 물감으로 그린 그림이 아닌 씨실과 날실을 사람의 손으로 엮어 만든 예술품이라는 사실이다. 이와 같이 실로 천에 엮어낸 예술품을 태피스트리라고 부르며, 주로 실내 장식용 벽걸이나 가리개, 휘장으로 쓰인다. 태피스트리는 장식품으로서의 실용 가치도 높은 데다 종이에 그린 미술품에 비해 운반도 쉬워 유명한 미술 작품들을 복제할 때도 자주 사용된다.

그림 4-3 태피스트리 작품, 〈목자들의 경배〉, 라파엘 학파, 1624~1630, 비티칸 미술관.

스페인의 마드리드에 있는 왕궁의 벽과 바닥은 태피스트리로 만들어진 장식품들이 가득 채우고 있다. 18세기에 펠리페 5세가 지은 왕립 태피스트리 공작에서 수공예로 카펫과 태피스트리를 만들어내기 시작했기 때문이다. 이러한 태피스트리는 무턱대고 손으로 짜내는 것이 아니라 반드시 밑그림을 바탕으로 제작되어야 했다. 이 밑그림을 그려내는 데 화가들이 동원되었고 고야도 이러한 일을 하며 화가로서의 입지를 다져 나갔다.

고야가 이때 그렸던 밑그림들은 18세기 후반 마드리드의 생활 모습을 묘사한 것들이 많았다. 그림의 주제는 어른들의 축제, 아이들의 놀이 모습, 여자들이 빨래하는 모습, 사냥 장면 등으로 다양했다. 태피스트리 그림은 장식용으로 쓰였기 때문에 대체로 밝고 재미있는 모습이 많이 그려졌다.

고야가 1777년에 그린 〈파라솔〉, 1778년에 그린 〈도자기 판매상〉 또한 태피스트리 밑그림이다. 〈파라솔〉은 특히 청춘남녀의 밝고 사랑스러운 모습을 그려 주목받은 작품이다. 눈부신 햇살 아래 아름다운 옷차림을 한 여인이 벽 앞에 앉아 있다. 그 옆에 청년이 초록색 양산을 들고서 햇빛으로부터 여인을 보호해 주고 있다. 두 사람 모두 밝은 표정과 화사한 옷차림을 하고 있다. 이처럼 우아하고 사랑스러운 느낌이 나는 당시의 미술 양식을 로코코 Rococo 양식이라고 불렀다.

사진 4-4 절대 왕정 시대에 유행하던 바로크 양식의 대표적 건축물 – 베르사유 궁전(프랑스).

로코코 양식은 18세기 유럽의 미술, 음악, 조각 등에서 고루 유행하던 양식으로 17세기의 바로크 양식과 대비되는 특징을 지닌다. 17세기와 18세기의 사회 모습이 달랐기 때문이다.

바로크 양식이 유행했던 17세기는 절대 왕정의 전성기였다. 특히 태양왕 루이 14세는 절대 왕정의 전성기를 상징하는 인물이었고, 그가 지었던 베르사유 궁전은 바로크 양식의 대표적인 건축물이다. 바로크 양식은 절대 군주와 그들이 살던 궁정을 중심으로 발달했기에 화려하고 동적이며 위엄 있는 표현이 주요한 특징이다. 이에 반해 18세기의 로코코 양식은 섬

사진 4-5 귀족 계급과 시민 계급의 성장이 두드러졌던 18세기 로코코 양식의 대표적 건축물 – 상수시 궁전(독일).

세하고 우아한 예술 형식을 보이며 장식성이 풍부한 특색을 보였다.

로코코 양식의 이러한 특징은 18세기에 나타난 사회 변화와 관련이 깊다. 18세기는 절대 왕정의 전성기가 점차 지나가고, 귀족 계급과 시민 계급(부르주아)의 성장이 두드러지는 시기였다. 특히 시민 계급은 상공업의 발달과 더불어 엄청난 부(富)를 쌓게 되었고, 이에 따라 미술이나 음악 등의 문화를 누리는 데도 관심을 가지게 되었다. 즉 시민 계급도 문화 향유 계층으로 급부상한 것이었다.

18세기에는 이러한 변화로 인해 궁정과 같이 엄청나게 큰 공간보다는 귀족 계급이나 시민 계급의 저택과 같은 비교적 작은 공간을 꾸밀 수 있는 가볍고 우아한 실내 장식 양식이 발달하였다. 로코코 양식의 발달은 군주의 힘이 약화되고 시민계급과 귀족계급의 주도권이 커져 가는 당시의 시대상을 보여 준다.

고야가 초기에 그린 태피스트리 밑그림들도 로코코 양식의 미술로

분류되며, 우아하고 밝은 분위기의 그림들이 많다. 밝고 화사한 이 작품을 보다가 말년의 고야가 그린 어둡고 우울한 그림들을 감상하다 보면, 대체 같은 사람이 그린 것이 맞는지 의문이 들 정도이다. 하지만 점차 그의 태피스트리 작품들도 사회를 바라보는 날카로운 시선을 드러내는 방향으로 변화하기 시작했다.

반면 1778년의 〈도자기 판매상〉은 고야가 어떻게 사회를 바라보는지 잘 보여 주는 그림이다. 이 그림은 마드리드 시의 모습을 보여 주고 있다. 그림의 중심에는 마차에 탄 귀부인이 있다. 마차는 무슨 이유인지 잠시 멈춰 서 있는 것처럼 보인다. 그 앞 쪽에는 젊은 여자 한 사람과 노파가 도자기를 고르고 있다. 이 젊은 여자는 그렇게 신분이 높아 보이지는 않는다. 그 앞에 도자기를 팔고 있는 남자는 비스듬히 옆으로 앉아 있다. 태도가 영 불량스러워 보이는 이 노점상은 젊고 예쁜 여자와 무슨 이야기를 하고 있는 것일까? 왠지 이 남녀는 마치 은밀한 거래를 하고 있는 것처럼 보인다. 마차에 탄 지체 높은 귀부인과, 도자기를 고르고 있는 예쁜 여자는 그 신분이나 행동에 있어서 대조적으로 표현되어 있다. 이 작품은 일반 민중들과 귀부인들을 한 그림 안에 표현하면서 이들의 계급 차이를 강조하고 있다.

고야는 엄청난 양의 태피스트리를 제작하면서 점차 출세의 길에 오르게 된다. 1780년에는 드디어 그렇게 원하던 아카데미의 회원이 되었고, 1786년에는 또 다른 처남이었던 라몬 바예우^{Ramón Bayeu}와 함께 '국왕의 화가'가 되었다. 그리고 마침내 1789년에는 당시 왕 카를로스 4세에게 '궁정 화가'의 칭호를 받게 된다.

그림 4-4 프란시스코 고야, 〈파라솔〉, 1777년, 프라도 미술관(스페인 마드리드).

그림 4-5 프란시스코 고야, 〈도자기 판매상〉, 1778년, 프라도 미술관(스페인 마드리드).

고야가 궁정화가가 되던 1789년, 프랑스에서는 혁명의 소용돌이가 치고 있었다. 7월 14일, 부당한 정치 체제를 참지 못한 프랑스 시민들은 왕의 권력을 상징하던 바스티유 감옥을 공격했다. 8월 26일에는 그 유명한 인권 선언이 국민 의회에 의해 채택되었다. 인권 선언문은 인간이 태어나면서부터 가지는 자유와 평등, 그 침해할 수 없는 권리를 보호한다고 당당히 밝히고 있었다. 오랫동안 왕·귀족의 지배와 특권을 인정하던 유럽에서는 그야말로 충격적인 사건이었다.

프랑스에서 일어난 이 혁명이, 스페인에 살던 고야의 삶에도 큰 영향을 끼치게 된다. 고야는 1770년대부터 스페인 궁정에서 많은 활약을 하면서도, 한편으로는 많은 계몽주의자들과 친구가 되었기 때문이다.

한편 프랑스 혁명은 스페인의 정치 상황에도 큰 영향을 끼쳤다. 혁명에 의해 프랑스 왕 루이 16세와 왕비 마리 앙투아네트가 처형당한 사건(1793년)은 이웃나라의 왕실에도 엄청난 충격을 주었다. 자칫하다가는 자신들도 프랑스 왕처럼 위험한 상황에 빠질 것이 분명했기 때문이다. 스페인 왕실 역시 프랑스 혁명에 대한 그 어떤 소식도 차단하려고 애썼다. 하지만 출판물이나 잡지 등을 통해서 프랑스 혁명에 관련된 소식이 점차 흘러들어오기 시작했다. 국민들이 동요하면 스페인도 혁명의 분위기에 휩쓸릴 판이었다.

불안에 떨던 스페인 왕실은 계몽주의 사상을 가진 사람들을 점점 박해하기 시작했다. 프랑스 혁명의 정신이 담긴 출판물 등은 죄다 이 계몽주의란 무엇일까? 계몽주의란 한 마디로 이성의 힘을 믿는 사상이다. 인간은 모두 스스로 생각할 수 있는 힘, 즉 이성을 가지고 있다. 이성의 힘을 가졌기에, 모든 사람들은 신분에 관계없이 독립적인 존재이며 자율성을 가진 존재이다. 이렇게 독립적이고 자율적인 존재들은 다른 사람의 부당한 억압 아래에서 살 필요가

그림 4-6 장 자크 루소. 그림 4-7 몽테스키외.

없다. 그러나 당시에 부당한 억압을 피지배층에게 가하고 있던 사람들이 있었다. 바로 왕이나 귀족들이었다. 계몽주의 사상에 의하면, 인간적인 대우를 받지 못하던 피지배층들은 굳이 불평등을 참으면서 살 필요가 없다. 인간으로 태어났다면 모두가 자유롭고 평등한 존재이기 때문이다. 왕이나 귀족들만 신으로부터 주어진 특별한 권리를 타고났다고 볼 수는 없다. 계몽주의 사상은, 부당한 정치를 하고 있던 군주제를 시민들이 뒤엎을 수 있는 근거를 제공해 주었다. 또한 계몽주의 사상은 자유주의 사상과도 이어지는 부분이 있다. 자유주의란 모든 사람의 자유를 보장하기 위해 존재한다고 생각하는 사상이다. 시민 혁명 이후 자유주의 사상은 유럽을 지배하는 중요한 이념으로 자리 잡게 된다.

17세기~18세기의 유럽에서 홉스(T. Hobbes), 로크(J. Locke), 몽테스키외(C. Montesquieu), 루소(J. J. Rousseau) 등이 주장한 계몽사상은 유럽 곳곳으로 널리 퍼져나갔다. 스페인도 예외는 아니었다. 당시 스페인에서도 진보적 성향의 지식인으로 유명한 경제학자였던 캄포마네스, 마드리드 재판장인 호베야노스 등은 당시 중세 수준인 나라를 근대화시킨다는 목적으로 '계몽된 사람들'이라는 모임을 만드는데, 고야는 이들과 적극적으로 친분을 쌓는다. 부패한 군주제를 신랄하게 비판하거나 시사성 높은 주제로 사회문제를 다루던 이 모임에서 고야는 계몽주의 사상과 자유주의 사상을 받아들이게 되었다.

단 심문소로 보냈다. 고야도 혁닝의 분위기를 조금씩 느끼고 있었다. 그의 친구들이 계몽주의자라는 이유로 주요 관직에서 물러나거나 감금당했던 것이다.

이 프랑스 혁명은 고야의 미술 세계를 바꾸어놓는 하나의 전환점이 되었다. 그리고 그의 삶을 바꾼 또 하나의 사건이 있었다. 1792년, 고야는 여행 중에 병을 앓게 된다. 이 병이 심각한 열병인 콜레라였다는 이야기도 있고, 매독이라는 이야기도 있지만 정확하지는 않다. 어쨌든 이 병을 1년쯤 앓다가 귀가 들리지 않는 후유증이 나타났다. 그때 나이가 46세였다. 고야가 그림을 통해 인정받으며 한창 활약하고 있던 때였다. 고야가 자신의 육체에 닥친 어려움을 어떻게 극복해나갔는지는 정확히 알 수 없다. 다만 고야의 작품이 이를 계기로 확실하게 변했다는 것을 알 수 있다. 내면에 좀 더 귀를 기울이고, 어두운 현실을 적나라하게 그리게 되었다. 그림의 주제도 한층 다양해졌다. 정신병원의 모습, 투우, 난파, 화재, 천민의 생활상 등 매우 다양한 주제들을 다루기 시작했다. 주제만큼 그의 그림에 드러난 표현방법도 자유로워져 갔다.

이렇게 예술관이 바뀌어가는 시기였지만, 고야는 그래도 출세의 끈을 놓지는 않았다. 1795년에는 처남인 바예우가 죽고 나서 그 뒤를 이어 아카데미 회화 부장이 되었고, 1799년에는 53세에 수석 궁정화가가 되었다.

└ 우스꽝스러운 왕족의 초상화에 담긴 이야기

궁정화가로 유명해진 만큼 고야는 초상화를 많이 그렸다. 물론 당시의 초상화는 예술적인 의미도 깊지만 기록의 기능이 컸다. 왕족들이 결혼을 위해 서로의 집안에 선을 보이기 위한, 혹은 후세에 자신의 모습을 기록해 두기 위한 하나의 수단이었던 것이다.

〈카를로스 4세의 가족 The Family of Charles IV〉은 고야가 남긴 유명한 스페인 왕실의 초상화이다. 이것은 고야가 궁정화가로 자리를 잡고 꽤 오랜 시간이 지난 후인 1800년에 그린 작품이었다. 당시 왕이었던 카를로스 4세와 그 부인과 자녀, 동생들 모두가 함께 담겨 있는 공식 초상화인데, 아무리 봐도 궁정 식구들이 그렇게 기품 있어 보이지는 않는다. 보통 한 나라의 왕족을 그린다면 실제보다 조금이라도 아름답게 그려 주는 경우가 많은데 이 그림은 그렇지 않다.

우선 그림의 중심에 있는 사람은 왕이 아니고 왕비이다. 왕비는 당시 스페인에서 꽤 큰 권력을 누리고 있었고, 게다가 유명한 애인도 두고 있었다. 그 애인은 마누엘 고도이 Manuel Godoy라는 사람이었는데, 고도이는 왕비의 총애를 받아 젊은 나이인 25세 때부터 나라의 일

그림 4-9 프란시스코 고야, 〈카를로스 4세의 가족〉, 1800년, 프라도 미술관(스페인 마드리드).

을 좌지우지하는 재상 자리에 올라가 있었다. 그렇다면 왕이 고도이
를 미워했을 것 같지만 오히려 왕비와 함께 그를 총애했다고 하니 이
상한 일이었다. 어쨌든 왕비의 애인이 권력을 오랫동안 차지하고 있
을 정도였으니, 당시 스페인 정치가 얼마나 부패했는지 짐작할 수
있다.

　푸른 옷을 입고 있는 인물은 훗날 그의 아버지를 이어 왕위에 오

르게 되는 페르난도 7세^{Fernando VII}이며, 그의 옆에 서 있는 고개를 돌린 여인은 약혼녀이다. 하지만 고야가 이 작품을 그릴 당시, 결혼이 불확실했기 때문에 의도적으로 그녀의 얼굴을 묘사하지 않았다.

이 작품은 철저한 사전 준비작업을 거쳐 완성되었기 때문에 각각의 인물들이 매우 사실적으로 묘사되었고, 단순히 그들의 겉모습뿐 아니라 인물의 성격까지 짐작할 수 있게 표현되었다. 프랑스의 미술 비평가 테오필 고티에(Théophile Gautier, 1811~1872)는 작품에 묘사된 왕과 왕비에 대해 "복권에 당첨된 것을 뽐내는 지방의 제빵업자와 그 아내"로밖에 보이지 않는다고 평하기도 했다.

많은 비평가와 미술사학자들은 고야가 〈카를로스 4세의 가족〉 초상화를 통해서, 무능했던 카를로스 4세와 부도덕한 왕비에 의해 타락해가는 스페인의 상황을 냉소적으로 비판하고 있다고 해석한다. 정치에 무관심하고 사냥에만 몰두했던 왕을 대신하여 국정 운영에 앞장섰던 인물은 왕비 마리아 루이사였다. 그러나 그녀 역시 훌륭한 정치를 펼치지는 못했다. 왕과 왕비의 훈장과 어깨의 장식 띠, 반짝이는 다이아몬드, 화려한 의상들은 외면적으로 왕족들의 고귀함을 표현하는 것처럼 보이나, 탐욕스럽고 우둔해 보이는 왕의 모습을 통해 그 이면에 숨겨져 있는 이들의 속물성과 부패함을 드러내고 있다는 것이다.

왕과 왕비를 비롯한 대부분의 사람들이 살이 쪄 보이고 눈빛도 흐리멍텅한 모습으로 묘사되어 있다. 특히 카를로스 4세와, 왼쪽에서 두 번째에 있는 왕세자는 유난히 배가 나와 보인다. 값비싼 옷과 보석으로 치장을 하고 있지만 그렇게 우아해 보이지도 않는다. 그럼에도 이 작품을 왕과 왕비가 거부하지는 않았다고 하니 그것도 참으로 신기한 일이다.

만약 고야가 왕실에 충성을 다하는 궁정화가였다면 왕실 가족을 이렇게 묘사하지는 않았을 것이다. 고야는 왕과 왕족들을 품위 있게 표현하기는커녕 지나치게 사실적이거나 또는 약간 우스꽝스럽게 그려 놓았다.

또 하나 주목할 점은 왕실 가족들을 그린 그림이지만 사실 이 그림에는 화가인 고야 자신이 있다는 사실이다. 그는 대체 어디에 있을까? 바로 작품의 가장 왼쪽 구석에서 고야를 찾아볼 수 있다. 화가가 그림 안에 있는, 아주 특이한 장면이다.

사실 이는 고야처럼 스페인에서 태어난 유명한 선배 화가 디에고 벨라스케스(Diego Velàzquez, 1599~1660)의 영향을 받은 것이다. 벨라스케스는 고야보다 약 150년 정도 먼저 활약했던 스페인의 유명 화가이다. 그는 수많은 명작을 남겼지만, 그중에서도 왕실의 공주와 그 시녀들을 그린 〈시녀들(라스 메니나스, Las Meninas or The Family of Philip IV)〉이라는 작품이 유명하다. 이 작품에서 화가는 자신의 모습을 가장 왼쪽에 그려 놓았다. 붓을 들고 캔버스 앞에 서 있는 사람이 바로 벨라스케스이다. 고야 역시 선

그림 4-10 〈카를로스 4세의 가족〉 작품에 유령처럼 숨어 있는 고야.

배 화가가 그린 신비로운 그림의 영향을 받아 왕족의 초상화에 자신의 모습을 특별히 그려 넣은 것이었다.

그림 4-11 디에고 벨라스케스, 〈시녀들〉, 1656년, 프라도 미술관(스페인 마드리드).

카를로스 4세 가족의 초상화에서 어렴풋이 보이는 고야의 모습. 고야가 도대체 어떤 시선으로 왕족들을 바라보고 있는 것인지 정확히 알 수 없다. 존경의 시선을 가지고 그들을 보고 있는 것일까? 아니면 경멸의 시선으로 보고 있는 것일까? 혹은 연민의 시선으로 바라보고 있을까? 의문을 가지게 하는 작품이다.

└ 시대 비판을 압축해 놓은 판화집

1797년부터 고야는 판화를 그려 마침내 책으로 펼쳐냈다. 이 책의 제목은 『로스 카프리초스Los caprichos』라는 판화집이었다. '카프리초스'

란 앞을 예상할 수 없는 변덕스러운 행동이나, 상상을 뛰어넘는 환상적인 사건이나 사고를 뜻한다. 제목의 의미대로 고야는 판화집에서 자유로운 상상력과 날카로운 풍자의 힘을 보여 주었다. 특히 이 판화집에서 가장 주목할 만한 그림은 〈이성의 잠은 괴물을 낳는다The Sleep of Reason Produces Monsters, Les Caprices I: planche 43〉라는 작품이다.

이 그림에는 한 남자가 잠들어 있다. 펜과 종이가 책상 위에 있는 것으로 보아서 무언가를 쓰거나 그리던 중이었던

그림 4-12 프란시스코 고야, 〈이성의 잠은 괴물을 낳는다〉, 제작연도 미상, 릴 미술관.

것 같다. 어쩌면 고야 자신일 수도 있다. 그가 잠들어 있는 사이에 부엉이, 박쥐, 살쾡이 같은 어둠의 짐승들이 잠들어 있는 남자를 위협하고 있다. 하지만 남자는 이런 상황에서도 잠에 빠져 들어가고 있다.

고야가 말한 이성은 사람을 가장 사람답게 만드는 힘이다. 이성적인 판단 능력을 통해서 사람들은 악하고 선한 것, 추한 것과 아름다운 것을 구분할 수 있다. 하지만 인간의 이성도 그림에서와 같이 잠들어 버릴 때가 있다. 광기나 무지, 폭력, 권력의 달콤함 등에 취해 이성의 눈을 감게 되어 버리는 것이다. 이런 상황이 되면 인간은 인간답지 못하고 악하고 추한 괴물 같은 존재가 되어버린다. 이성이 잠들어버리고 괴물이 되는 인간들을 우리는 TV나 신문에서 종종 볼 수 있다. 자신들의 이익을 위해 남들을 희생시키는 것을 당연하게 생각하는 사람들, 폭력으로 모든 일을 해결하려는 사람들, 전쟁의 광기에 미쳐버린 사람들, 인간 같지 않은 범죄 행위를 저지르는 사람들……. 이들은 이성의 눈을 슬쩍 감아 버리고 인간이라는 존재에서 벗어나 버린 사람들이다.

그렇지만 고야가 말한 '이성이 잠드는 것'은 태생적으로 악하거나 못된 사람들에게만 오는 상황이 아니다. 평범한 사람들도 자신의 욕심 때문에, 또는 무지 때문에, 때로는 권력에 맞설 용기가 없어서 옳지 않은 일을 하기도 한다. 고야는『로스 카프리초스』판화집 전체에서 '이성이 잠든 상황'을 날카롭게 비판하고 있다.

〈그림 4-13〉은『로스 카프리초스』의 42번 그림인 〈너는 어쩔 수 없다 Thou who cannot〉라는 작품이다. 이 작품에서 두 남자는 무척 힘겹게

당나귀를 업고 있다. 여기에서 당나귀는 민중들을 억누르고 착취하던 귀족들을 의미한다. 귀족이라는 지배계급을 당나귀에 묘사한 것은 그 어리석음과 탐욕을 비웃기 위한 것이었다.

『로스 카프리초스』에서 고야는 권력을 가진 인간들, 종교를 명분으로 무고한 사람에게 고문을 일삼는 이단 심문소, 속물근성으로 가득한 사람들의 모습 등을 갖가지로 풍자한다. 오늘날 신문에 실리고 있는 풍자만화 못지않은 날카로운 비판 정신을 보여 주는 그림들이다. 그러나 사람들이 인정하고 싶지 않은 더럽고 추한 모습을 그리고 있어 조금은 외면하고 싶은

이단심문소와 종교재판

종교재판이란 로마 가톨릭 교회에서 이단을 근절하는 것을 목적으로 마법이나 주술을 심판하는 것을 말하며 이를 실시하는 재판소를 이단심문소(종교재판소)라 한다. 종교재판은 종교의 영향력이 강했던 중세 유럽에서 시작되었다. 스페인에서는 15세기 에스파냐 왕국이 성립되면서 국내 통일과 안정을 위해 가톨릭의 중요성이 강조되면서 종교재판이 시작되었다. 스페인은 종교재판이 가장 오랫동안 이어진 국가이며, 그 결과 많은 처형자가 속출하였다.

그림들이기도 하다.

　고야 역시 그림을 그리면서 통쾌한 마음이 들었겠지만 이단 심문소만큼은 두려웠던 것 같다. 악마나 마녀, 지배 계급에 대한 비판이 너무나 많이 포함되어 있던 작품들이라 종교 재판을 받게 될 가능성이 컸다. 고야도 그것을 의식했는지 총 85매이던 그림에서 5매를 빼고 이 판화집을 발표했다.

전쟁의 비참함을 그리다

└ 나폴레옹의 침략

　고야가 『로스 카프리초스』를 발표할 즈음, 혁명의 소용돌이가 그치지 않던 프랑스에서는 새로운 인물이 급부상하고 있었다. 역사상 가장 유명한 인물 중 하나인 나폴레옹이었다.

　시민에 의한 혁명은 성공했지만, 기존의 질서가 완전히 뒤집어진 상태에서 프랑스의 혼란은 당연한 것이었다. 또한 시민혁명이라고는 하나 모든 프랑스 국민들이 혁명을 주도한 것은 아니었다. 근대 시민혁명의 주도 계층은 상공업을 통해 부를 어느 정도 쌓아 온 사람들, 즉 부르주아라 불리는 사람들이었다. 이 시기의 시민은 바로 부르주아를 일컫는 말이다. 혁명 이후에는 부르주아들 사이에서의 세력 다툼도 몹시 심했다. 혁명에 의해 세워진 정부도 결코 안정된 것이 아니어서 공포정치, 총재정부 등 정부와 정권도 계속 바뀌었다.

그림 4-14 자크 루이 다비드(Jacques Louis David), 〈알프스 산맥을 넘는 나폴레옹〉, 1800년, 프랑스 루브르 박물관.

그뿐만이 아니었다. 주변의 유럽 국가들 역시 프랑스에게서 등을 돌린 상태였다. 유럽 국가의 왕들은 시민혁명으로 왕을 공개처형한 프랑스의 세력이 커지는 것을 원치 않았다. 그리하여 프랑스는 영국, 오스트리아, 이탈리아 등 주변 국가들과 끊임없이 전쟁을 치러야 하는 처지가 되었다.

내부의 혼란과 외부의 전쟁의 소용돌이 속에서 나폴레옹이 급부상한 것은 당연한 결과였다. 그는 이탈리아 원정(1796), 오스트리아

128 | 미술관 옆 사회교실

원정(1797), 이집트 원정(1799) 등에서 승리의 소식을 프랑스 국민에게 연이어 전해 주었다. 나폴레옹은 위기에 빠진 프랑스를 구한 그야말로 영웅이었다.

나폴레옹은 단순히 프랑스 군의 영웅으로만 이름을 남기는 데 만족하지 않았다. 그는 평소 프랑스 혁명의 계승자를 자처하였다. 그래서 정복한 국가 곳곳에 공화국을 세우고, 신분제도와 농노제도를 폐지시키는 데 앞장서기도 했다. 특히 나폴레옹이 큰 공을 들여 만든 『나폴레옹 법전』은 법 앞에서의 평등과 소유권의 인정, 종교 선택의 자유 등 프랑스 혁명이 강조한 내용들을 담고 있어 근대 민법에 중요한 영향을 끼치기도 했다. 이러한 측면으로 보았을 때 그는 프랑스 혁명의 정신인 자유와 평등, 박애의 이념을 유럽 전역에 전파한 인물로 평가되기도 한다.

하지만 국민들의 엄청난 지지를 받던 나폴레옹은 프랑스 혁명의 계승자로 만족하지 못하고 정치적 욕심을 드러내기 시작했다. 1799년에는 쿠데타를 일으키고 나라의 제1집정관 자리에 오르더니, 1804년에는 스스로 황제의 자리에까지 올랐다. 나폴레옹을 존경하여 그에게 영웅 교향곡을 바치려 했던 베토벤이 그가 스스로 황제의 자리에 올랐다는 소식을 듣고 크게 실망해 교향곡 표지를 찢어 버렸다는 일화도 있다.

나폴레옹은 황제의 자리에 오른 이후에도 유럽 국가들과의 전쟁을 계속했다. 그 과정에서 프랑스군은 침략과 학살을 일삼았다. 아이러니하게도 그들의 침략과 학살은 유럽 각국의 민족 의식을 일깨우는 결과를 가져온다. 러시아, 프로이센 등 유럽 각국 사람들도 나폴레옹의 지배에 저항하는 과정에서 민족이 뭉쳐야 이 위기를 극복할 수 있다는 생각을 가지게 되었기 때문이다.

유럽의 서쪽 끝자락에 해당하는 스페인에도 점차 나폴레옹의 그림자가 비춰지기 시작했다. 나폴레옹의 침략은 결과적으로 스페인 민중의 엄청난 저항을 불러오게 된다.

└ 전쟁의 비극을 고발하다

스페인을 뒤흔들고 있었던 것은 나폴레옹만이 아니었다. 프랑스 혁명의 영향을 받은 시민들도 변하고 있었다. 무엇보다도 프랑스 혁명은 시민의 힘으로 왕정을 무너뜨린 대표적인 사건이었다. 스페인 시민들 역시 당시 스페인 왕 카를로스 4세와 정부 관리들을 탐탁지 않게 여겼다. 아버지 카를로스 3세가 많은 업적을 남긴 데 비하여 아들 카를로스 4세의 정치는 형편없었다.

이러한 상황에서 나폴레옹 군대는 스페인 옆에 위치한 포르투갈을 진압하겠다는 명분으로 군대를 끌고 들어오기 시작했다. 처음에는 스페인 민중들도 스페인 왕실의 부패한 정치에 지쳐 프랑스 군대를 환영했다. 그들을 구세주라고 나름대로 생각한 것이었다. 하지만 나폴레옹은 점차 정복자로서의 욕심을 드러내기 시작했다.

민중들의 폭동으로 불안한 정치 상황에서 스페인 왕은 모든 권력을 나폴레옹에게 넘겨 버렸고, 나폴레옹은 자신의 부하였던 뮈라 장군을 보내 마드리드를 점령하려 했다. 왕실 가족들은 권력을 포기한 대신 다른 나라로 유배되어 끌려가게 되었다.

스페인을 집어삼키려는 나폴레옹 군대에 시민들은 분노하기 시작했다. 1808년 5월 2일, 스페인 군중들은 마침내 무기를 들고 프랑스 군대와 직접 싸우기 시작했다. 그날의 사건 역시 〈1808년 5월 3일〉과 함께 고야에 의해서 생생하게 기록되었다.

마드리드 중심부에는 푸에르토 델 솔이라는 광장이 있다. 〈1808년 5월 2일: 맘루크의 공격 The Second of May, 1808: The Charge of the Mamelukes〉은 바로 이곳에서 나폴레옹 군대와 스페인 군중들이 싸우는 장면을 그린

그림 4-15 프란시스코 고야, 〈1808년 5월 2일: 맘루크의 공격〉, 1814년. 프라도 미술관(스페인 마드리드).

작품이다. 프랑스 군대에는 나폴레옹의 터키인 출신의 기병대인 총 96명의 맘루크라고 불리는 사내들이 있었는데 그들은 스페인 사람들을 진압하는 데 큰 역할을 한 용병들이었다. 말을 타고 있는 맘루크들을 끌어내리거나 공격하는 이들이 바로 스페인 사람들이다.

작품의 가장 중심에는 하얀 말과 이 말 위에서 공격을 받아 죽어가는 터키 용병이 있다. 바로 그 옆에 이 맘루크를 죽인 것으로 추측되는 남자가 있는데 그는 남자는 눈을 이글거리며 단검을 아직도 치켜들고 있다. 이 광경 바로 뒤에는 칼을 들고 말 위에 있는 친위대와 시위하는 스페인 사람들이 뒤엉켜 싸우고 있다.

보통 시민들의 봉기나 전쟁을 묘사한 그림에는 영웅이 존재한다. 하지만 고야의 이 작품에는 특별한 영웅이 없다. 예술작품 속의 영웅들은 전쟁과 같은 위기가 닥쳤을 때에도 두려움을 모두 이겨 낸 모습을 보이는 경우가 많다. 영웅들의 눈빛 속에는 단호하지만 굳은 신념 같은 것이 깃들어 있다. 고야의 그림 속에 존재하는 스페인 사람들은 열심히 싸우고는 있지만 긍지나 신념에 가득 차 보이지는 않는다. 큰 눈을 치켜뜨고 상대방을 없애기 위해 애쓰는 모습만이 보인다.

고야는 이 작품을 통해 스페인 사람들의 용기와 희생을 그리려고 했지만, 그들을 영웅적으로 묘사하고자 한 것은 아닌 것 같다. 그림 속 현장은 말 그대로 폭력과 혼돈의 현장이다. 시위대도, 나폴레옹의 친위대도 두려움과 공포 속에서 서로에게 칼을 맞대고 총을 겨누고 있다. 이 작품은 폭력의 현장 그 자체를 고발하고 있는 것처럼 보인다.

나폴레옹 군대와 스페인 사람들의 충돌 그다음 날 5월 3일. 전날 시위를 했던 스페인 민중들이 프랑스 군대에 의해 잡혀 가기 시작했다. 그들은 모두 프린시페 피오 언덕 근처에서 처형당했는데 100여 명 가까이 되는 스페인 시민들이 목숨을 잃었다. 그리고 6년 후에 고야는 5월 2일의 일과 함께 이 5월 3일의 그림을 기록으로 남겼다.

고야가 자신의 집에서 망원경을 통해 이 그림의 실제 총살 장면을 목격했을 것이라는 이야기가 한때 믿을 만한 소문으로 떠돌았다. 하지만 이 작품이 그려진 것은 실제 사건이 있고 나서 6년이 지난 후의 일이다. 망원경을 통해 봤을 것이라는 이야기도 시기적으로는 거의 불가능하다. 하지만 6년이 지난 후에 그렸다고 믿기 힘들 정도로 생생한 묘사가 뛰어나다. 진실 여부는 알 수 없지만 이 그림 속의 피를 표현하기 위해 고야가 자신의 피를 직접 사용했다는 이야기도 전해진다.

다시 한 번 앞의 〈1808년 5월 3일〉의 그림을 보자. 5월 3일을 통해 우리가 가장 강렬하게 느낄 수 있는 것은 무엇일까?

처형을 앞둔 사람들의 눈에는 곧 다가올 죽음에 대한 공포가 가득하고, 중심에 있는 흰 셔츠의 남자도 곧 피를 흘리고 죽을 것이나. 자세히 보면 이 사람은 무릎을 꿇고 있는데도 서 있는 것처럼 보일 정도로 키와 체

그림 4-16 〈1808년 5월 3일〉 중 일부.

구가 크다. 앞에서 비추는 밝은 빛과 그 자세 때문에 흰 셔츠의 남자는 십자가에 못 박혀 희생되는 예수님을 생각나게 한다. 팔을 들고 있는 자세가 십자가에 매달린 모습과도 비슷하기 때문이다.

이 남자의 아래에 피를 흘리고 총살당한 남자 역시 십자가와 비슷한 포즈로 쓰러져 있다. 남자의 옆에서 함께 총살을 기다리고 있는 사람은 머리 모양이나 의상으로 보아 수도승으로 보인다. 그림의 뒤편에 보이는 건물도 실제로 존재하는 성당을 그리고 있다. 이처럼 여러 가지 이유로 이 그림을 종교적인 의미로 해석하는 사람들도 많다.

남자의 커다랗게 뜬 눈은 죽음의 공포를 벌써 느끼고 있는 것 같기도 하고, 죽음을 담담하게 기다리고 있는 것처럼 보이기도 한다. 하늘은 검은 색으로 뒤덮여 있다. 흰 셔츠의 남자와 그를 비추는 조명 외에 밝아 보이는 요소는 거의 없다.

고야는 그림을 통해 폭력과 학살 그 자체에 대해서 고발하고 있다. 고야가 이야기했던 '이성이 잠든 상황'이라고 볼 수 있다. 이 상황에서 학살자들은 인간다움과 이성을 숨기고 폭력과 야만성을 지닌 괴물로 바뀌어 버린다.

이와 같은 학살은 그림 속의 일만은 아니다. 전쟁과 학살은 지금도 세계 곳곳에서 벌어지고 있다. 우리나라의 역사에서도 이러한 일은 종종 벌어졌다. 한국전쟁이나 1980년 5월 광주민주화항쟁도 모두 이러한 비극의 예이다. 우리는 전해 오는 이야기나 신문기사, 또는 각색된 영화를 통해 재연된 상황을 느낄 수밖에 없지만 대개 이런 상황에서 가해자들은 인간으로서의 모습을 보이지 않는다. 자신도 모르게 주변 상황에 휩쓸려 미쳐 버렸거나 폭력적인 상황을 일상처럼 당연하게 여기면서 남을 해친다. 고야의 그림에 그려진 프랑스 군인들의 모습과 크게 다르지 않은 것이다.

〈1808년 5월 3일〉 작품이 전하는 메시지와 그 예술성은 후에 많은 화가들에게 영감을 주었다. 이 그림의 구도나 느낌을 본 따 고야에 대한 존경심을 표현한 작가들도 있었다.

그중 한 명은 〈막시밀리안 황제의 처형The Execution of Maximilian〉이라는 그림을 그린 에두아르 마네라는 프랑스의 화가이다. 이 작품은 한때 멕시코 황제의 자리에 있었던 막시밀리안의 죽음을 그리고 있다.

1848년 나폴레옹의 조카였던 나폴레옹 3세는 전 국민의 75%의 지지를 받아 대통령으로 선출되었다. 삼촌 나폴레옹처럼 프랑스 황제 자리에 앉기도 했다. 그는 남미에 있는 나라 멕시코의 자유주의를 막기 위해 오스트리아 황제의 동생 막시밀리안이라는 사람을 멕시코 황제에 앉혔다. 당시 멕시코에는 후아레스라는 인물이 대통령이 되어 지주들의 토지와 재산을 모두 빼앗았기 때문이다. 막시밀리안은 나름대로 인디언 농민들을 보호하고 자신의 꿈대로 정치를 펼치기는 했다. 하지만 프랑스군이 자신의 나라로 돌아가고 나서는 힘없는 황제에 불과했기 때문에 후아레스의 군대에게 붙잡혀 총살당하고 만다. 막시밀리안은 결국 나폴레옹 3세의 꾐에 빠져 꼭두각시 황제를 하다가 멕시코에서 죽음을 당하는 처지로 전락한 것이다.

〈막시밀리안 황제의 처형〉은 막시밀리안 황제가 군인들에게 붙잡혀 총살당한 장면을 그린 것이다. 총살을 당하고 있는 왼쪽 가운데

그림 4-17 에두아르 마네, 〈막시밀리안 황제의 처형〉, 1867~1868년, 독일 바덴바덴 미술관.

사람이 막시밀리안 황제이다. 반대편에는 총을 쏘고 있는 군인들이 있다. 실제로 막시밀리안 황제를 총살한 것은 멕시코 군인들이었지만 마네는 그 책임이 나폴레옹 3세와 프랑스군에게 있다고 생각했다. 그래서 이 그림에 있는 처형자들은 프랑스 군인들로 그려져 있다. 처형을 하고 있는 사람들은 고야의 그림에서처럼 뒤돌아 있고 그 표정을 알 수가 없다. 게다가 그중 한명은 무표정하게 자신의 총을 검사하고 있다. 총살 역시 군인들에게는 명령일 뿐이므로.

고야의 영향을 받은 두 번째 화가는 20세기의 가장 위대한 예술가 중 한 사람이라 일컬어지는 피카소이다. 피카소가 그린 아래 그림은 〈한반도의 학살〉이라는 작품이다. 바로 우리나라에서 1950년부터 1953년 사이 벌어진 6·25전쟁, 그 역사적 사건에서 나타난 비극을 다루고 있다.

그림에서 무기를 들고 학살을 하려 하는 사람들은 군인이다. 중세 갑옷 같은 복장을 하고 무기를 들고 있는 이들은 사람이라기보다는 학살을 하기 위한 기계 같다. 학살을 당하기 일보직전인 사람들은 임신한 여자와 어린아이들이다. 그들은 두려움에 떨면서 죽음을 기다리고 있다. 기계적인 학살자들과 희생당하기 일보직전의 사람들의 구도는 모두 고야의 그림과 일치한다.

피카소 그림에서 나타난 학살자가 누구인지는 사실 정확하지 않다. 미군이 아닐까라는 추측이 있을 뿐이다. 6·25전쟁 당시 미군이

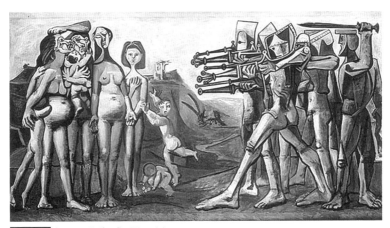

<u>그림 4-18</u> 〈한반도의 학살(1951)〉, 파블로 피카소

북한 황해도 신천에서 이곳 주민의 4분의 1에 해당하는 3만 5,383명을 학살했다는 기록이 있다. 이 이야기에 충격을 받은 피카소가 〈한반도의 학살〉을 그렸다는 이야기가 전해져 온다. 기묘한 것은 한반도의 비극을 그린 이 그림이, 오히려 한국에서 1980년대까지 반입 금지 예술품에 속했었다는 사실이다.

다시 끔찍한 학살이 일어난 1808년 스페인으로 돌아가 보자. 5월 3일의 학살을 시작으로 하여 프랑스에 대항하는 스페인 사람들의 무장 저항이 시작되었다. 이 무장 저항은 큰 규모의 부대가 움직이는 것은 아니었다. 보통 소규모 부대가 산악지대 여기저기에서 나타나 나폴레옹군과 맞서 싸웠다. 이렇게 나폴레옹을 괴롭힌 소규모 전투 부대를 게릴라 ^{guerilla} 부대라고 한다. 이 용어는 지금까지 소규모 전쟁을 일컫는 데 쓰이고 있다.

그럼에도 불구하고 1808년 6월에 나폴레옹은 이미 이탈리아 나폴리 지역을 지배하고 있던 자신의 형을 조제프 1세라는 이름으로 스페인 왕위에 앉혔다. 스페인을 뒤처진 사회로 놔두지 않고 자유주의 개혁을 실시하겠다는 명분이었다.

하지만 스페인 사람들의 저항도 만만치 않아 그 해 8월이 되자 조제프는 스페인 사람들의 저항에 못 이겨 북쪽지역으로 피신했다. 스페인 사람들과 프랑스 군과의 전쟁은 끊임없이 계속되어 6년이나 이어졌다. 나폴레옹 스스로가 스페인 전투에 참가하기도 했고, 프랑스의 숙적이던 영국군이 스페인군을 돕기도 했다. 이 와중에 스페인에는 엄청난 기근이 와서 수천 명 이상이 굶어 죽는 끔찍한 일도 벌어졌다.

　이 끔찍한 전쟁의 상황을 고야가 그냥 보아 넘길 리가 없었다. 그는 『전쟁의 참화 Los desastres de la guerra』라는 판화집을 그려 내어 전쟁의 참혹하고 보기 괴로운 상황들을 작품으로 남겼다. 외국 병사에 의해 억울하게

죽어가는 사람들, 시체가 나뒹구는 모습이 고야의 손을 통해 남겨져 있다. 하지만 이 작품에서 고야가 고발하고자 했던 것은 단순히 프랑스군의 침략만은 아니었던 것 같다. 스페인 사람들이나 프랑스군 모두 야만성을 보이면서 폭력을 가하는 사람들로 묘사되어 있다. 고야는 전쟁이라는 상황에서 드러나는 인간들의 가장 추악한 면을 모두 그림으로 그렸다. 어쩌면 전쟁을 거치면서 고야는 인간의 잔인한 본성에 대해서 눈을 뜨게 된 것인지도 모른다.

　1813년 6월, 영국의 도움을 받아 스페인은 드디어 프랑스군과의 전쟁에서 벗어날 수 있게 되었다. 엄청난 위세를 떨치던 나폴레옹 역시 1815년, 프랑스의 왕위에서 물러나고 세인트헬레나 섬으로 쫓겨나게 되었다. 스페인과의 전쟁에서 많은 타격을 입은 것이 나폴레옹 몰락의 큰 원인이 되었다.

나폴레옹은 1813년 스페인에서 프랑스로 후퇴하면서 다음과 같이 말했다고 한다. "스페인의 궤양이 나를 파멸시켰다" 나폴레옹을 괴롭혔던 '궤양'이란 스페인 민중이 조직한 '게릴라군'을 말한다. 게릴라는 원래 스페인 어로 '소규모 전투'라는 뜻을 가지며, 적의 경비가 허술한 곳을 따라 전투행위를 하며 적을 괴롭히는 소규모 부대를 말한다. 나폴레옹의 침략 당시 스페인 민중들은 게릴라 전투를 통해 나폴레옹군을 무찌르는 큰 활약을 하였다.

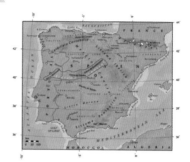

그림 4-20 스페인 북부의 지형

스페인 사람들이 당시 게릴라 전투를 성공적으로 치를 수 있었던 요인 중 하나가 스페인의 기후와 지형적 특징이었다. 스페인은 반도의 대부분이 메세타라는 고원으로 이루어져 높은 지대에 위치한다. 특히 북부는 프랑스와 이어지는 피레네 산맥, 동쪽의 바스크 산지 등이 이어져 있어 그 고도가 3,000미터에 달할 정도로 꽤 유난히 높고 험준하다. 즉 스페인 북부는 우리나라의 강원도와 같이 나라 안에서도 가장 높은 지역이라 보면 된다. 고도가 높아질수록 기온이 낮아지는 탓에 2,750m 이상의 산악지대는 겨울에 0℃ 이하, 여름에 11℃ 이하의 평균기온을 보인다고 한다. 겨울이 온난습윤한 지중해성 기후의 스페인 남부 연안 지역과는 대조적인 특징을 보이는 것이다.

나폴레옹 군대는 마드리드 함락 이후에 스페인 북부의 험준한 산맥을 넘어 가면서 엄청난 장애물을 만난 나폴레옹 군에게 게릴라 전투는 더욱 힘든 것이었다. 게릴라들은 나폴레옹군에 비해 곳곳에 몸을 숨길 수 있는 산악 지형을 잘 알고 있었으며, 추위에도 비교적 강했다. 그들은 경비가 허술한 곳이나 프랑스군이 물자를 저장한 곳 등을 중심으로 하여 끈질긴 전투를 치렀다. 대규모 병력으로 적을 한꺼번에 섬멸하지는 않지만 적을 지치게 하는 방법으로 프랑스군을 물리친 것이었다.

⌐ 혼돈 속의 화가

나폴레옹군이 물러난 후, 프랑스로 쫓겨나 유유자적하게 지내고 있었던 페르난도 7세가 원래 있던 스페인 왕의 자리로 돌아왔다. 스페인 사람들이 많은 희생을 치러 얻은 소중한 독립인 셈이었다. 하지만 페르난도 7세는 그리 좋은 정치를 펼치는 왕은 아니었다. 경제 분야의 여러 가지 근대화를 막았으며, 종교재판을 부활시키고 언론의 자유를 속박하기까지 했다.

또 그는 나폴레옹군의 점령 기간 동안 프랑스군에 적극적으로 도움을 주었던 인물들을 찾아 조사하기 시작했다. 우리나라로 치면 일제시대에 친일행위를 한 사람들을 조사한 것과 마찬가지이다. 고야 역시 조사대상에 올랐었다. 사실 고야는 점령 기간 동안 나폴레옹의 형인 조제프 1세를 위한 그림을 그리거나 프랑스 군대 장교들의 초상화를 그려 주는 등 프랑스군의 요청에 협조했었다. 그렇다고 고야가 프랑스를 위해서만 일한 배신자라고 보는 것은 섣부른 판단이다. 영국군 장교나 프랑스에 저항했던 스페인 민족주의자의 초상화를 그리는 일도 마다하지 않았기 때문이다. 그렇다면 대체 고야의 정치적 성향은 무엇이었을까?

고야가 1810년에 그린 〈마드리드 시의 우화〉라는 작품을 보면 혼돈의 시대에 살았던 그의 고민을 엿볼 수 있다. 그림의 오른쪽에 'Dos De Mayo'라고 쓰여진 원형 액자가 보인다. 'Dos De Mayo'란 5월 2일, 즉 프랑스 군대에 대한 스페인 시민군의 저항이 있었던 1808년 5월 2일을 기리는 의미에서 넣은 문구이다. ─ 이날이 앞에서 살

그림 4-21 프란시스코 고야, 〈마드리드 시의 우화〉, 1810, 스페인 마드리드 시립박물관.

펴본 〈맘루크의 공격〉의 배경이 된 그날이다.─ 하지만 처음에는 이 자리에 현재의 문구 대신, 나폴레옹의 형으로 스페인 국왕 자리에 앉은 조제프 1세의 초상화가 들어가 있었다고 한다. 이 그림이 1810년 프랑스군이 스페인 점령 당시 회당을 꾸미기 위해 고야에게 부탁해 그린 그림이기 때문이다. 하지만 고야는 나폴레옹 군대가 후퇴했을 때 조제프 1세의 초상화를 없애고 스페인 정부를 찬양하는 문구로 그 내용을 고쳤다. 얼마 후에 프랑스 군이 돌아왔을 때에는 또 다시 조제프 1세의 초상화를 넣었다. 이런 식으로 이 원형 액자 부분은 일곱 번이나 그 내용이 바뀌었다. 고야가 시대 상황에 맞서서 꿋꿋이 국가와 민족에 대한 의리를 지킨 화가는 아니었음을 짐작할 수 있다.

원래 고야는 자유주의자들과 친분을 쌓으며 계몽사상을 접했던 인물이었다. 프랑스 혁명의 자유, 박애, 평등 정신을 전파하겠다고 선언했던 나폴레옹에게 고야도 처음에는 기대를 품었던 듯하다.

하지만 나폴레옹은 처음의 목적과 달리 정복자로 군림하려는 욕심을 드러냈다. 게다가 나폴레옹의 군인들은 스페인에 들어와서 6년 동안이나 잔인한 전쟁을 계속했다. 고야 역시 이 침략전쟁으로 나폴레옹에게 크게 실망하고 말았다. 하지만 프랑스군에 저항한다면 목숨이나 재산이 금세 날아갈 것은 뻔했다. 또한 그림을 그려 생계를 유지하는 직업 화가였기 때문에 프랑스군이 그림을 주문했을 때 모른체할 수도 없었다.

반대로 프랑스군의 점령이 끝나고 나서는 프랑스군에 그림을 그려 준 것이 고야의 발목을 잡기도 했다. 이때 고야가 운 좋게 왕의 용서를 받기는 했지만 의혹을 피할 수는 없었다. 사실 앞서 보았던 〈1808년 5월 3일〉이라는 그림도 실질적으로는 페르난도 7세에게 바친 그림이다. 프랑스군에게 대항한 스페인 민중들의 영웅적인 행위를 묘사하면 스페인 왕에 대한 충성심을 잘 보여 줄 수 있었기 때문이다. 그뿐만 아니라 작품의 제작 비용을 왕에게 지원받을 수도 있었다.

상황이 급변하는 시대였기 때문에 고야의 작품 역시 그 정치적 성향이 자꾸 변하고는 했다. 그만큼 당시는 어느 한쪽에 대한 신념을 지키기가 어려운 혼돈의 시대였다.

고야가 살았던 시기는 세상의 질서가 뒤바뀌는 혁명의 시대였다. 혁명과 함께 몰아친 전쟁의 바람도 피할 수 없었다. 이러한 시대에서 궁정화가였던 고야 역시 방향을 잡기 힘든 삶을 살았다. 하지만 시간이 지날수록 고야 내면에서도 새로운 변화가 나타나고 있었다.

검은 그림

└ 마하와 종교재판

고야는 프랑스 점령 기간 동안 나폴레옹 군대를 도운 혐의로 스페인 정부의 조사를 받았지만, 처벌을 받지는 않았다. 뛰어난 예술가였던 그의 행동을 왕이 눈감아주기로 한 것이었다. 하지만 곧 다른 사건이 터졌다. 고야가 종교재판에 제소된 것이다.

〈옷을 벗은 마하 The Nude Maja〉라는 그림이 원인이었다. 이 그림은 〈옷을 입은 마하 The Clothed Maja〉라는 그림과 함께 그려진 그림이었다. 〈옷을 벗은 마하〉가 종교재판소의 재판을 받게 된 까닭은 옷을 벗은 여자의 모습이 외설적이라는 이유였다.

원래 이 그림이 발견된 곳은 스페인의 재상이었던 고도이라는 인물의 집이었다. 앞서 이야기했듯 고도이는 카를로스 4세 때 엄청난 권력을 휘두른 인물이자 왕비의 애인이었다. 그는 국민들의 미움을 샀고 나폴레옹 군대가 쳐들어오자 다른 나라로 쫓겨 가고 말았다. 그리고 고도이의 집에서 발견된 두 그림은 곧 화제가 되었다. 옷을 벗고 있으면서도 거리낌이 없는 마하의 모습이 당시로서는 엄청난 충격이었다.

그림 속의 여자는 하얀 비단 쿠션 위에 누워 있다. 그림을 감상하는 사람들은 모두 이 여자와 눈을 마주치게 되어 있다. 그녀가 도발적인 표정으로 정면을 바라보고 있기 때문이다. 엄격한 가톨릭 국가였던 스페인에서, 나체인 여자가 도발적인 시선으로 정면을 쳐다보고

그림 4-22 프란시스코 고야, 〈옷을 벗은 마하〉, 1800, 스페인 마드리드 프라도 미술관.

그림 4-23 프란시스코 고야, 〈옷을 입은 마하〉, 1805, 스페인 마드리드 프라도 미술관.

있다니……. 이런 그림은 종교적으로 받아들여지기가 어려웠다.

고야가 재판에 회부되자 사람들이 가진 의문은 하나였다. 이 그림의 실제 모델이 과연 누구냐는 것이었다. 그림의 제목에서 '마하'는 어떤 사람의 이름을 가리키는 것이 아니다. 그저 '멋쟁이 여자'를 뜻하는 스페인 어임에도 사람들은 특정한 인물일 것으로 추측했다.

많은 사람들이 모델로 회자되었지만 가장 유력한 사람은 고야가 사랑했던 여인, 알바 공작부인이었다. 알바 공작부인과 그 남편은 1795년부터 이미 고야와 알고 지내던 사이였다고 한다. 또한 공작부인은 오랫동안 고야를 지원해 주었다.

두 사람이 애인이었다는 소문이 완벽히 믿을 만한 것인지는 알 수 없지만 고야가 이 공작부인을 사랑한 것은 사실인 듯 보인다. 고야가 그린 〈알바 공작부인 초상화 Portrait of the Duchess of Alba〉라는 작품에는 그 증거가 남아 있다.

이 초상화에서 알바 공작부인은 정면을 바라보고 서 있다. 그녀의 오른쪽 검지는 땅을 가리키고 있는 것처럼 보이는데, 그 손에는 두 개의 반지가 끼어져 있다. 그 반지의 한쪽에는 '알바(Alba)' 또 다른 한쪽에는 '고야(Goya)'라는 글자가 새겨져 있다. 또한 그녀의 오른쪽 발아래 모래땅을 자세히 살펴보면 'solo Goya,' 즉 "오직 고야뿐"이라는 글씨가 새겨져 있다. 이 글씨는 마치 그녀가 방금 땅 위에다 쓴 것처럼 보인다. 고야는 자신의 그림 속에 알바 공작부인에 대한 자신의 사랑을 숨겨 놓았던 것이다.

이처럼 고야와 알바 공작부인의 사이에 대한 소문 때문에 '마하'의 모델이 공작부인이 아니냐는 소문이 한창 떠돌았다. 귀가 쫑긋해질 만한 소문일 뿐 정확히 밝혀진 사실은 아니었다.

다른 한편으로는 고도이의 애인이 마하의 실제 모델이라는 소문도 있었다. 고도이는 왕비의 애인이었지만 엄청난 권력을 휘두른 만큼

그림 4-24 프란시스코 고야, 〈알바 공작부인 초상〉, 1797년, 미국 뉴욕 히스패닉 소사이어티.

바람둥이이기도 했다. 그래서 자기 애인의 모습을 간직해 두고 보기 위해서 이 그림을 고야에게 주문했다는 것이다. 〈옷을 벗은 마하〉가 걸려 있던 장소가 고도이만 쓰던 은밀한 방이었다는 사실은, 이 소문을 뒷받침해 주었다.

어쨌든 타락한 종교와 성직자들을 그림으로 비판하던 고야는 종교 재판에 회부되는 신세가 되어 버렸다. 세상을 향한 그의 시선은 더욱 따갑고 차가워지기 시작했다.

⌐ 귀머거리 집과 검은 그림

프라도 미술관의 한 전시실은 사방이 온통 검은 빛의 그림들에 둘러싸여 있다. 관람객들은 이내 그 어둠에 압도되어 버린다. 이 작품들이 바로 고야의 '검은 그림 pinturas negras'연작이다.

고야는 말년에 마드리드 근교에 있는 별장을 마련한다. 이 집은 귀가 먼 고야를 상징해서 '귀머거리 집'이라고 불렸다. 이 귀머거리 집의 1층과 2층의 벽면에 고야는 총 33평에 달하는 그림을 그렸다. 이 벽화들은 옻칠을 해서 번쩍 번쩍거리는 벽에다가 직접 유채로 그렸기 때문에 검은 색을 띠게 되었다. 이 그림들을 통칭해서 '검은 그림'이라고 한다.

물론 여러 가지 이유로 인해서 그림이 검은 색을 띠게 되기도 했지만, 고야 자신의 내면이 점차 어떻게 변했는지를 보여 주는 작품이기도 하다. 고야가 초기에 그렸던 태피스트리 그림들은 풍자의 빛을 보여 주기는 했어도 밝은 색채를 쓴 작품들이었다. 그러나 검은 그림들은 풍자를 넘어서 고야 내면의 어둠과 우울함, 기괴함, 그리고 사회 비판 정신을 그대로 보여 주는 것들이었다.

청력을 잃고, 프랑스의 침략 전쟁을 겪으면서 고야는 말년에 점차 자신만의 세계에 빠져든 것으로 보인다. 이것을 잘 보여 주는 그림 중 하나가 〈사투르누스Saturn〉라는 작품이다.

사투르누스는 로마 신화에 등장하는 신인데, 그리스 신화에서는 크로노스로 불린다. 그리스·로마 신화에서 최고의 신인 제우스의 아버지이고, 농업의 신이기도 한다. 그를 상징하는 물건은 농기구인 '낫'이다.

사투르누스는 원래 대지의 신인 가이아와 하늘의 신 우라노스 사이에서 태어났다. 그렇지만 어머니의 지시에 따라 사투르누스는 아버지 우라노스의 생식기를 잘라 바다에 버린다. 우라노스는 '너 역시 네 자식의 손에 의해 죽을 것'이라고 아들에게 저주를 퍼붓고 달아났다.

사투르누스는 이후에 누이 레아와 결혼하지만, 자식이 자기의 자리를 빼앗을 것이라는 두려움에 사로잡혀 버렸다. 그래서 자식들이 태어나는 대로 몽땅 잡아먹는다. 헤라, 하데스, 포세이돈 등의 자식들이 모두 잡아먹히고 막내아들인 제우스가 태어난다. 레아는 남편의 행동을 참지 못해 남편을 속이고 제우스 대신 포대기에 싸인 돌을 사투르누스에게 먹인다. 구사일생으로 살아남은 제우스는 결국 성인이 되어 아버지에게 몰래 약을 먹이고, 잡아먹혔던 형제들을 토해 내게 한다. 그리고 제우스와 그 형제자매들은 힘을 합쳐 아버지와 전쟁을 벌여 사투르누스를 쫓아내 버린다.

그림 4-25 페테르 루벤스,
〈자식을 삼키는 사투르누스〉
(1636~1638), 루벤스.

그림 4-26 프란시스코 고야,
〈자식을 잡아먹는 사투르누
스〉, 1821년, 프라도 미술관(스
페인 마드리드).

고야의 그림은 신화의 내용 중 자기 자식을 잡아먹는 사투르누스, 즉 크로노스의 모습을 묘사한 것이다. 제 자식을 잡아먹는다는 이야기만 들어도 끔찍한데 그림은 참혹함 그 자체이다.

사투르누스는 어둠 속에 둘러싸여 있다. 그의 손에는 작은 사람이 들려 있다. 그의 자식이다. 이미 사투르누스는 자식의 팔과 목을 뜯어먹은 상태이다. 이 그림에서 가장 기묘한 것은 사투르누스의 표정이다. 그의 눈은 이상하게도 두려움으로 가득 차 있다. 이것은 같은 이야기를 다룬 루벤스의 〈자식을 삼키는 사투르누스〉와 비교해 보면 더욱 극명하게 비교된다. 똑같은 장면을 묘사한 그림이지만, 루벤스의 그림에서 사투르누스의 표정은 거의 읽을 수 없다. 이 그림을 보는 사람들은 대부분 잡아먹히고 있는 어린아이의 두려움에 찬 표정을 먼저 살피게 된다. 사투르누스는 자신을 상징하는 '낫'을 쥔 채 사악함을 드러내며 자식을 잡아먹고 있다.

그러나 고야의 그림 속에 등장하는 사투르누스는 사악함을 드러낸다기보다는 오히려 두려움과 공포에 떨고 있는 것처럼 보인다. 그렇게 떨면서도 그는 자신의 아이를 잡아먹고 있는 것이다. 두려움에 가득 차 커다랗게 뜬 눈과 나체, 검은 배경은 서로 어울리면서 사투르누스를 마치 광기에 사로잡힌 사람처럼 보이게 한다.

사투르누스만큼 강렬한 인상을 주는 그림이 있다. 〈곤봉 결투Duel with Cudgels〉라는 작품이다. 두 남자가 모래 위에서 곤봉을 들고 싸우고 있다. 죽을힘을 다해 피를 흘리며 싸우고 있지만 실은 둘 다 무릎까지 모래 늪에 빠진 상태이다.

이 작품은 폭력을 저지르는 인간의 어리석음을 보여 준다. 어떤 사람들은 자기도 모르는 광기에 휩싸여서 남을 해치면서, 늪에 빠져든다. 둘 중 하나가 이긴다 해도 결국 승자가 없는 게임이다. 둘 다 곧 모래밭에 빠질 것이기 때문이다. 결국 모든 폭력은 어리석은 행동일 뿐이다. 고야가 살아오면서 보아 왔던 권력 다툼과 전쟁은 모두 폭력

그림 4-27 프란시스코 고야, 〈곤봉 결투〉, 1820~1823년, 프라도 미술관(스페인 마드리드).

이 낳은 어리석은 결과들이었다.

고야는 총 14점의 '검은 그림' 벽화를 남겼다. 그는 이 그림을 남길 즈음 거의 75세 가까이 이른데다 건강도 좋지 않았다. 게다가 조수도 두지 않고 그림을 그렸다고 한다. 예전처럼 누가 주문해서 그린 그림도 아니었다. 그저 자신의 바람과 예술혼에 의해서 그림 그림이었다.

그 아들이 남긴 말에 의하면 고야는 이 그림을 그린 후 매일 감상하면서 좋아했다고 한다. 어떤 사람들에게는 눈을 가리고 싶을 만큼 우울함을 느끼게 하는 그림이지만 고야 자신에게는 무척 의미 있는 그림이었던 것 같다. 실제로 '검은 그림'들은 그가 초기에 그렸던 밝은 태피스트리 그림들보다 고야를 더욱 빛나게 하는 작품들로 남아 있다.

└ 격정의 역사를 기록한 화가

고야가 검은 그림을 그린 것은 그의 말년이었다. 이 시기에도 스페인의 정치상황은 좀처럼 안정되지 않고 있었다. 페르난도 7세는 국민의 권리를 보장하는 헌법을 모두 부정하고 절대주의 군주로 군림하려 했다. 많은 자유주의자들이 억압당하기 시작했는데, 고야의 자유주의자 친구들 역시 다른 나라로 망명길에 올랐다. 페르난도 7세의 억압적인 정치에 못 이겨 1823년에는 자유주의 정부를 세우려는 시도가 있기도 했지만 실패로 끝나 버리고 말았다.

고야는 1824년 건강을 핑계로 왕의 허락을 받아내 6개월 동안 프랑스로 휴가를 떠났다. 그의 나이 78세였다. 6개월이 지난 후에는 휴가를 연장해 계속 보르도에 머물렀다. 고야는 결국 스페인으로 돌아오지 않고, 프랑스에서 82세의 나이로 숨을 거두었다.

피카소는 앞서 이야기한 〈한반도의 학살〉이라는 작품을 그리면서 "그림은 집안을 장식하는 데 그치는 것이 아니라, 적을 공격하거나 방어하는 전쟁 무기가 될 수도 있는 것"이라고 말했다. 그림은 그 예술적 가치로 찬사받을 수도 있지만 화가의 생각과 주장을 담아낼 수도 있다. 실제로 고야나 피카소는 그림을 통해 야만적인 행위를 저지르는 사람들을 향해 거침없이 비판했다. 그들에게는 붓이 가장 큰 무기가 된 것이다.

피카소가 살았던 시대뿐 아니라 현재에도 세계 곳곳에서는 크고 작은 전쟁이 일어나고 있다. 경제적 이득, 종교·민족의 차이 등 여러 가지 이유는 댈 수 있겠지만 잔인한 행위가 벌어지고 있고 수많은 희생자들이 생겨나고 있다는 것은 모든 전쟁의 공통점이다.

약한 자들을 괴롭히는 강대국 군인들의 야만적인 행위는 가끔 사진이나 영상으로 보도되어 우리를 경악하게 한다. 영국 군인들이 적국의 포로를 개처럼 밧줄로 묶어 놓고 괴롭히는 행위나, 외설스러운 사진을 찍어 댄 사건은 사람들에게 충격을 주었다. 한 인간이 다른 인간의 가치를 완전히 짓밟고 농락할 수 있다는 것을 보여 준 사건이었다.

물론 야만적인 행위나 광기는 반드시 전쟁과 같은 특별한 상황에서만 나타나는 것은 아니다. 이성이 잠들어 버리게 되면 그 어떤 상

황에서도 인간의 폭력이나 광기는 그 고개를 치켜든다. 나와 다르다는 이유로 남을 괴롭히는 행동, 다른 사람의 삶을 파괴하는 행동은 우리 주변에서도 볼 수 있는 모습들이다. 우리 사회에서 심각한 문제가 되어 버린 학생들의 따돌림과 폭력 사건은 인간의 잔인함이 어디까지 갈 수 있는지 잘 보여 주는 사례이다.

고야는 보통 미술의 역사에서 근대 회화의 시대를 연 예술가로 평가되어진다. 그러나 그는 예술가일 뿐 아니라 '시대의 고발자'로서 그 역할을 충실히 했다. 그가 살았던 시기는 '근대'라는 새로운 시대가 막 열리기 시작할 즈음이었다. 근대는 인간의 존엄성과 자유, 평등과 같은 가치가 살아나기 시작한 시대이기도 했지만, 한편으로는 혁명과 전쟁, 폭력이 난무하던 시대였다. 새로운 질서가 세워지기 이전, 엄청난 혼란과 무질서가 함께한 시대이기도 했다. 이러한 시대를 고야는 고스란히 자신의 작품에 담아냈다.

전쟁의 참화를 그릴 당시에 고야의 하인은 다음과 같이 물어봤다고 한다.

"어째서 프랑스 사람들의 잔인한 모습만 그리십니까?"

고야는 다음과 같이 대답했다.

"다시는 야만적으로 되지 말자는 뜻을 사람들에게 전달하기 위해서지."

Gustave
Caillebotte

카유보트 그림에 담긴
격정의 19세기 파리

근대 프랑스의 화가. 인상파에 속한다. 사실성이 강한 작품을 많이 남겼으며, 서민층의 풍속도 및 풍경화를 그렸다. 1873년경부터 인상파 화가들과 교제, 1877년, 1879년, 1880년, 1882년 인상파의 전람회에 참가하였다. 아버지의 유산으로 친구 화가들을 경제적으로 원조하고, 그들의 작품을 많이 사들여 인상파 작품의 훌륭한 수집가로서도 유명하다. 죽은 후 그의 수집 작품들은 루브르 미술관에 기증되었다.

Gustave
Caillebotte

풍경화에는 단순히 그 시대, 그 공간의 풍경만 담겨 있는 것은 아니다. 풍경 속의 공간을 통해 삶을 재조명해 보고자 하는 진지한 감성이 존재하며, 빛에 비친 공간을 재해석하여 물리적인 공간을 인간의 감성으로 채우고자 하는 다양한 시도가 공존한다.

프랑스의 낭만주의 소설가이자 정치가인 프랑수아 르네드 샤토브리앙 François Renée de Chateaubriand 은 1793년 풍경화에 대하여 이렇게 표현했다.

"풍경화에는 지적인 면과 정신적인 면이 있다. 풍경화는 어떤 재료를 쓰느냐에 따라, 다른 장소에서 자신의 감정과 꿈이 다시 태어나는 느끼는 체험을 하도록 도와준다."

단순한 물리적인 공간을 담아낸 그림일 수도 있는 풍경화가 인상주의의 감성과 만나면 그 공간은 인간이 꿈꾸는 감성과 더불어 새로운 공간으로 다시 태어나게 된다. 그런 의미에서 물체의 고유색을 부정하고, 때로는 실험적으로 빛을 사용한 인상주의는 어찌 보면 매 순간 살아 숨 쉬는 인간의 감성을 삶의 공간과 결합한 최고의 시도라고 해도 과언이 아닐 것이다

자신의 작품명 또는 이름이 앞서기 전에 '인상주의 화가들의 가장

든든한 후원자'라는 수식어로 더 유명한 귀스
타브 카유보트(Gustave Caillebotte, 1848~1894).

얼핏 인상주의 화가들을 경제적으로 도운
것이 부유층의 사치로 비칠 수도 있겠지만 사
실 그는 당시 예술가들의 경제적인 고통뿐만
아니라 정신적인 고충도 함께 나누며 이해하고
자 했던 인간미 넘치는 화가였다고 해석된다.

사진 5-1 귀스타브 카유보트

1860년, 인상주의의 시작

인상주의는 1860년경 프랑스에서 시작된 새로운 미술 사조로 빛과 색에 대한 화가의 순간적
이고 주관적인 느낌, 즉 인상(Impression)을 표현하고자 한 회화 중심의 미술 운동이다. 하지
만 이렇게 인상주의는 의미나 성격을 단순하게 정리하기가 결코 쉽지 않다. 오늘날 여러 서구
미술유파 가운데 가장 인기 있는 '인상주의'라는 용어는 당시 충격적인 스케치와 마무리가 덜
된 것처럼 보이는 작품들이 선보였던 한 화가들은 살롱이 장려하는 길들여진 미술을 거부한
다는 공동의 의식을 바탕으로 뭉쳤지만 각자의 목표와 표현 양식은 서로 달랐기 때문이다.
이들의 두 가지 관심사는 현대 생활을 묘사하고 스튜디오가 아닌 야외에서 눈앞의 정경을 직
접 그리는 데 있었다. 그러나 이 젊은 화가들의 그룹을 명확하게 정의하는 것은 여전히 숙제
로 남아 있었다. 예를 들어, 알프레드 시슬레(Alfred Sisley)는 풍경화 이외의 주제에는 관심을
가지지 않았던 반면, 드가는 야외에서 그림을 그리는 것에는 강력히 반대했다. 이러한 차이에
도 불구하고 클로드 모네(Claude Monet), 베르트 모리조(Berthe Morisot), 오귀스트 르누아르
(Auguste Renoir), 카미유 피사로(Camille Pissarro), 알프레드 시슬레, 귀스타브 카유보트, 에드
가르 드가(Edgar Degas), 메리 카샛(Mary Cassatt) 등은 주변의 세계를 묘사하는 새로운 방법
을 터득했고, 다른 화가들과 함께 1874년에서 1886년까지 파리에서 열린 '인상주의 전시회'에
작품을 출품하기도 했다. 이 전시회에서 인상주의 화가들은 큰 인정을 받지는 못했지만 인상
주의 화가들의 독창적인 화풍은 현대 미술의 포문을 열게 했고, 실제로 현대 사람들의 마음을
사로잡고 있다.

그의 작품 속 세상 풍경은 특별하면서도 우리의 일상과 다를 바 없이 평범하다. 그래서 그의 작품 세계는 더욱 깊이가 느껴진다.

귀스타브 카유보트가 자란 파리 북부의 생드니는 어떤 곳일까?

생드니(Saint-Denis)는 프랑스 일드프랑스 레지옹 센생드니 데파르트망에 있는 도시이다. 이 도시는 프랑스의 수도인 파리의 북쪽에 위치하고 있다. 파리는 센 강 중류에 있으며, 면적은 105km². 인구는 약 217만 명(2007년 기준)이다. 북위 49°인 고위도 지역에 위치하지만 주변에 따뜻한 북대서양 해류가 흐르고 편서풍이 불기 때문에 일 년 내내 온난한 기후가 나타나는 서안해양성 기후 지역이다.

파리는 세계 최고의 도시인 동시에 프랑스의 최대 도시로서 프랑스의 정치, 경제, 문화의 중심지 역할을 한다. 또한 예술의 도시, 꽃의 도시, 문화의 도시 등 다양한 수식어로 불리기도 한다. 그만큼 오랜 시간 동안 많은 예술 작가들의 예술성이 발휘된 흔적이 곳곳에 남아 있어 도시 곳곳에서 역사적인 건축물, 유명 작가의 미술 작품을 찾아볼 수 있다. 현재에도 그들의 예술혼은 현재진행형으로 그대로 살아 숨 쉬며 자유분방함이 묻어 나는 패션, 음식 문화 등이 파리의 낭만적인 분위기를 한층 고조시킨다.

유명한 관광 명소로는 개선문, 에펠 탑, 노트르담 대성당, 베르사유 궁전 등이 있다. 이러한 파리의 유명 명소가 아니더라도 유럽 곳곳을 거닐다 보면 그들의 진한 예술혼을 발견하는 재미를 느낄 수 있다.

그림 5-1 지도상의 생드니 시 위치.

인상주의 발전에 기여한 수집가

귀스타브 카유보트는 파리 상류층 집안에서 태어나 포부르 생 드니 가에서 자라며 인상주의 화가로 서민층의 풍속도, 풍경화 등 사실성이 강한 작품을 많이 남겼다.

그는 화가이기도 하지만 '많은 미술 작품을 사들인 수집가' 또는 '경제력이 튼튼했던 미술가'라는 수식어로도 유명하다. 법원 재판장이었던 아버지로부터 25세에 많은 재산을 상속받아 경제적으로 여유로운 삶을 누렸기 때문이다. 경제적 여유가 있었다는 것은 돈에 구속되지 않고 오히려 그가 추구하는 방향의 그림을 그리는 데 전념할 수 있는 환경을 보장받았다는 것을 의미한다. 더 나아가 자신의 경제력을 바탕으로 실력 있는 예술가들을 지원함으로써 예술 발전에 적지 않은 영향력을 끼치기도 했다.

예를 들면 모네에게 화실을 구해 주기도 했고, 몇 차례에 걸쳐 인상파전에 참여하며, 직접 전시를 기획하고 지원을 했다. 또한 1883년에는 르누아르, 피사로, 세잔, 드가 등 가난했던 동료 인상주의 화가들의 작품을 67점이나 구입하며 그들에게 경제적인 도움을 주었다.

카유보트가 수집했던 작품 모두를 국가에 무상으로 유증(遺贈)하겠다는 유언은 웃지 못할 일화를 남겼다. 당시 카유보트의 소장 작품들을 국가에 기증한다는 것은 그렇게 간단한 일이 아니었다. 최근에 들어서야 카유보트의 유언에 의하여 많은 인상주의 화가들의 작품이 박물관에 소장되는 계기를 얻었다고 해석이 되지만 당시에는

피에르 오귀스트 르누아르, 〈샤투의 철교 혹은 분홍빛 밤나무(Le Pont du chemin de fer à Chatou)〉, 1881년, 오르세 미술관. 르누아르의 이 작품은 1883년에 귀스타브 카유보트가 구입했다. 카유보트가 프랑스 정부에 유증한 40여 점의 인상주의 작품들 중 르누아르의 유화는 총 여섯 점이었는데, 그중 한 점이 바로 이 작품이다.

카유보트의 작품 기증이 오히려 골칫거리로 받아들여졌다. 지금은 인상주의 화가들의 작품이 고가품으로 인정을 받지만 19세기에는 그렇지 못했기 때문이다. 따라서 3년이 넘도록 문화계 인사들이 회의를 거듭하여 소장 여부를 결정해야 했다.

결국 그가 기증한 작품 중 일부였던 세잔의 작품은 경매에 부쳤으나 헐값에 국립박물관에 소장되었다. 당시 신문은 세잔의 작품을 두고 '세상이 썩어가고 있다. 국립박물관이 수준 이하이다.'라는 평가를 했으며, 시민들 역시 이를 반대하는 시위를 벌이는 등 인상주의 화가들에게 손가락질을 하기도 했다. 당시에는 카유보트가 소유하던 절반 이상의 그림이 거절당했지만 뒤늦게야 프랑스 정부가 카유보트의 상속인들로부터 기증받지 않았던 그림들을 회수하기 위하여 노력했다는 해프닝도 있었다.

카유보트의 도시, 파리

그는 초기에는 르누아르, 드가 등의 화가들과 비슷한 화풍으로 작업을 했다. 그러나 곧 〈비 오는 파리 거리〉를 통해 그만의 예술성을 보여 주기 시작했다. 그는 고전적인 방식이 아닌 파리의 일상을 화폭에 담아내는 것을 좋아했다. 예를 들면 도로, 광장, 다리 그리고 그 공간에 숨 쉬고 있는 사람들을 그림 속에 담아내며, 그가 살고 있던 19세기의 풍경을 고스란히 재현해 냈다. 독특했던 점은 화면 구성이 매우 치밀하며, 화면을 구성하고 있는 각 요소들이 독특한 구도, 대담한 원근법 안에서도 매우 균형적이었다는 것이다.

└ 19세기 파리 사회

〈비 오는 파리 거리〉는 카유보트가 스물아홉 살에 그린 거대한 크기의 작품이다. 현재에는 시카고 현대미술관에 소장되어 있는데 한 벽면을 채울 정도로 크기가 크다. 평범할 수도 있는 파리의 일상을 담아낸 그림이지만 평범하기에, 19세기 도시의 삶을 지나치게 사실적으로 표현했다는 점에서 많은 사람들의 시선을 이 그림 속으로 이끈다.

그의 작품은 무심결에 도로 위에서 카메라 셔터를 눌러 우연히 찍힌, 지나치게 평범한 일상의 모습으로 보일 수도 있다. 하지만 그는 의도적으로 화면을 무심하게 구성하는 '철저한' 계획하에 그림을 그렸다. 우리 눈에 보이는 것과 같은 지극히 일상적인 순간의 장면을 그려내기 위해 오히려 정확한 계산을 통하여 구도를 잡은 것이다. 그렇기 때문에 이 작품이 우리의 일상과 가깝게 느껴지고 더욱 매력 있게 느껴지는 것은 아닐까 싶다.

맨 오른쪽 인물을 의도적으로 반만 그려, 무심한 듯한 시선으로 파

사진 5-2 **귀스타브 카유보트**, 〈비 오는 파리 거리〉, 1877년, 시카고 현대미술관. 사람들이 카유보트의 그림을 감상하고 있다.

리 사람들의 평범한 일상을 표현했다. 대신 대상의 윤곽을 뚜렷하게 그려 그 정교함을 더 부각시켰다. 구도면에서도 자칫 시선이 한 우산을 쓴 두 남녀에게 눈이 갈 수 있으나 그 뒤로 원근법에 의해 자세히 표현된 건물로 시선이 이동함에 따라 구도상의 균형을 이룬다. 그리고 가까이 있는 사람들의 색은 진하고 윤곽선이 강한 반면 뒤로 갈수록 그 효과가 줄어 원근법이 과감하게 표현되어 있다. 또한 우산대의 윤곽선을 사실적으로 묘사해 명암을 나타내었다. 그림 전체적으로 뚜렷한 선과 빛에 반사되는 명암이 주를 이루고 있다. 비오는 날의 습기 가득한 도시를 낮은 명도로 표현함으로써 안개 낀 파리의 거리를 사실감 있게 표현했다.

인상주의 화가들이 빛과 색채의 실험을 위하여 도시 외곽의 모습을 담을 때, 카유보트는 변모하는 세계의 중심 도시 파리 곳곳의 풍경을 묘사하는 데 많은 관심을 보였다. 당시 파리는 시장 격인 오스만 남작의 대대적인 도시계획에 의하여 소비 욕구를 충족시키는 동시에 관광객들의 눈을 즐겁게 해 주는 곳으로 바뀌고 있었다. 그는 건물을 새로 짓고, 방사형 도로와 로터리를 만들었는데, 이는 자동차가 막 보급될 즈음 도로를 정비한 것으로 해석된다. 하지만 사실 오스만 남작의 의도는 다른 데 있었다. 당시 시민혁명이 빈번하여 왕의 목을 단두대에서 자르기까지 한 시민들의 시위대가 길을 막는 것을 차단하기 위해서 도로를 방사형으로 재정비한 것이다. 즉 오스만 남작의 도로 정비는 시위를 진압하기 편리한 구조를 만들겠다는 의도가 숨어 있었던 것이다.

오스만의 재개발 정책은 과거 꼬불꼬불하고 지저분한 파리의 모습을 도시 이름처럼 아름다우며 깔끔하고 세련된 공간으로 바꾸긴 했다. 오스만의 정책 덕분에 파리 도시가 규모적으로 웅장해졌고, 질서 정연해졌다. 그러나 여전히 가난한 생활 속에서 오염된 식수원으로 인해 콜레라나 괴질과 같은 질병으로 고통받는 사람들에게 말짱한 건물을 부수고 새로운 건물을 짓는 과정은 어떻게 인식되었을까? 오스만은 정비된 파리의 풍경을 보면서 '오래된 파리의 풍경을 책으로나마 추억하는 것이 요즘 유행이다.'라는 말을 남겼다. 하지만 '없어진 것'이 아닌, '화려함에 감추어졌을 뿐'이었던 파리 시민들의 고충, 높

오스만 프로젝트 vs. 그랑 파리 프로젝트

나폴레옹 3세는 혁명으로 세워진 프랑스 공화국의 첫 대통령이 된 후, 파리 자체를 다시 짓고자 했다. 당시 프랑스 시장 격이었던 조르주 외젠 오스만 남작이 1850~1860년대 대대적인 재정비 사업에 들어갔는데, 교통체계, 전기, 급수 및 배수 그리고 도로 정비가 우선 과제였다. 당시 파리는 비가 오면 거리가 진흙으로 질퍽해질 정도였기 때문에 골목들을 없애고 왕복 8차선과 16차선 직선도로를 뚫었다. 현재 파리시청 앞 거리는 오스만 프로젝트의 산물이다.

그 바람에 부동산 투기꾼이나 부동산 벼락부자가 생겼고, 반면 살던 곳에서 쫓겨난 세입자, 지낼 곳이 없어 교외로 밀려나야 했던 노동자들, 골목상권을 잃은 상인들의 한숨 소리가 커지기도 했다. 그런데 2009년에 오스만 프로젝트가 부활했다. 니콜라 사르코지 대통령이 파리를 대대적으로 변모시키는 '그랑 파리 프로젝트'를 공개한 것이다. 물론 내용은 다르지만 대대적인 파리 도시 재정비 사업이라는 측면에서 맥락은 같다. 그랑 파리 프로젝트는 사르코지 대통령이 2007년 대통령에 당선된 뒤 그해 하반기에 처음 제안한 것인데, 파리를 환경친화적 녹색도시로 만들고 영불해협까지 확대해 광역도시로 새롭게 단장하겠다는 것이 핵심이다. 이를 위해 영국의 리처드 로저스, 프랑스의 크리스토프 드 포르장파르크, 장 누벨 등 세계적 건축가 10여 명이 참여했다. 20년 계획 사업인 이 프로젝트를 파리의 성장 동력으로 삼고 현재 도시의 문제점을 개선한다는 점에서 제2의 오스만 프로젝트로 회자되는 것이다.

사진 5-3 오스만 프로젝트에 의해 정비된 파리 시청 앞 거리.

은 영아 사망률과 전염병을 그늘 속에 감추며 새롭게 태어난 파리의 모습을 카유보트의 작품으로나마 볼 수 있어 다행이다.

특히 1865~1868년에는 새로운 건축 기법에 의하여 철판을 활용

귀스타브 카유보트, 〈유럽 다리〉, 1881~1882년, 개인 소장.

파리 안에 유럽 있다

〈비 오는 파리 거리〉의 배경이 된 곳은 '모스크바 거리'이다. 파리에는 유럽의 주요 도시의 이름을 딴 거리가 많은데, 암스테르담 거리, 마드리드 거리, 리스본 거리, 로마 거리, 베른 거리 등이 있고 아일랜드의 도시인 더블린의 이름을 딴 더블린 광장도 있다.

한 다리가 건설되었는데, 그는 새롭게 변화하는 공간 속에서 일상을 향유하고 있는 신사들의 모습을 드라마틱하게 담아냈다. 드라마틱하다는 것은, 그의 그림 속에 사용된 원근법에 의하여 표현된 다리, 남자, 그리고 주변 파리의 모습들을 통해서 그림을 보는 사람들로 하여금 저절로 그 시대의 그 풍경 속으로 함께 공존하게 만들어 버린다는 의미이다.

└ 노동자가 없으면 부르주아도 없다

카유보트는 1878년 세 번째 인상파 전시회를 기획하고 후원하면서 전시회를 홍보하기 위한 잡지를 발간하기도 했다. 이 전시회는 르펠레티에르가에 있는 아파트 1층의 커다란 빈 공간에서 열렸다. 불빛도 밝았고, 공간도 넉넉했던 덕분에 출품할 수 있는 작품 수에 제약이 없었다. 20편을 출품한 르누아르의 〈물랭 드 라 갈레트〉도 이 전시회를 통해 선보여졌고 모네도 30편을 선보였다. 카유보트도 다리의 풍경을 담은 그림을 전시하며, 요즘 사람들이 멋진 공간을 카메라에 담아 추억하는 것처럼 당시 파리의 도시 문화를 선보였다.

〈그림 5-4〉에서 난간에 기대어 아래를 내려다보고 있는 사람은 노동자 복장이어서, 정장을 말끔하게 입고 실크 모자를 쓴 신사와 귀부인과는 대립적인 모습이다. 그는 노동계급에 대한 연민 의식을 가지고 있던 경제력 있는 부르주아 화가였다. 그렇기에 노동자들과 함께 파리 도시에 다른 모습, 다른 삶을 살면서 공존하고 있는 자신을 노동자와 대비되는 신사의 모습으로 투영하며, 노동자가 없었다면 부르주아도 없었다는 생각 이상으로, 그들을 막연하게 연민할 수밖에 없던 자신의 처지를 화폭 위에 담아낸 것 아닐까.

이러한 그의 생각이 당시 귀족 관람객들에게는 이상하게 보일 수밖에 없었을 것이다. 그들은 카유보트가 그린 파리의 세련된 도시 풍경 속의 노동자가 햇빛과 풍경을 감상하기 위해 야외로 나와 여유를 누린다는 것 자체를 이해하지 못했다. 심지어 하찮은 소재들을 고급 예술로 굳이 표현해야 할 이유를 납득하지 못했다. 이처럼 카유보트를 비롯한 인상파 화가들은 위험스러운 혁명가로 비치기도 하며 그 예술성을 당시에는 인정받지 못하기도 했다.

〈그림 5-5〉에서 등장한 다리는 생 라자르 역 위를 가로지르는 철제 다리이다. 그는 단순히 다리만을 홍보하듯 그림을 그리지는 않았다. 19세기 근대 사람들의 생활상을 담아내며, 근대 사람들의 여유로운 일상을 무심하게 포착해 담아냈다. 파리 도시를 구경하는 사람들을 통하여 그들이 가지고 있었을 생각, 그들이 공간 속에서 향유했을 여유들을 현대의 사람들이 추론하도록 이끈다. 당시에도 현재와 같이 파리는 세계적인 관광지였기 때문에 혹자는 파리를 '쾌락과 영광만

그림 5-5 귀스타브 카유보트, 〈유럽 다리 위에서〉, 1876~1877년, 킴벨 미술관.

을 위해 사는 풍요롭고 관능적인 도시'라고 표현하기도 했다. 부르주아가 지배한다고 표현해도 과언이 아니었을 당시 사회의 극심한 빈부 격차가 그 이면에 깔려 있었지만, 결국 사람이 함께 공존해야 공간이 완성되고 생명력이 불어넣어진다는 사실은 누구나 공감할 것이다.

└ 카유보트의 마을, 프티-젠느빌리에

카유보트는 1880년대에 아르장퇴유에서 가까운 센 강변의 프티-젠느빌리에Petit-Gennevilliers에 정착해 카누와 요트를 즐기며 여유롭게 작품 활동을 계속했다. 부유했던 아버지에게 물려받은 유산으로 집을 사서 정원을 가꾸고 요트를 타고, 이를 그림에 담아내며 말년을 보내다가 45세에 짧은 생을 마감한다. 1881년 르누아르가 〈뱃놀이 점심〉을 그릴 시기, 그는 이 집을 사서 꽃을 가꾸며 여유롭고 한적한 생활을 하며 지냈다. 그의 시선 속에 비추어진 센 강변 마을 모습을 잔잔히 내려다보며, 잠시 고요한 시간을 갖다 보면, 어느 샌가 마음은 이미 파리에 가 있다.

주로 도시 공간을 담았던 카유보트는 전원 풍경에 대한 낭만성을 표현하기도 했다. 파리의 인상파 화가들은 도시 토박이들보다는 지방 또는 외국에서 이주한 경우가 많았기 때문에 자신들이 떠나 온 고향에 대한 향수가 짙었다. 도시 생활과 전원 생활을 동시에 향유하고 싶어 했던 파리지앵으로서 가진 낭만이 표출된 것이라고 볼 수 있다.

그림 5-6 귀스타브 카유보트, 〈프티 젠느빌리에의 겨울 정원(Le jardin du Petit Gennevilliers en hiver)〉, 1894년, 개인소장.

카유보트가 그린 남자

　카유보트는 남성들을 작품에 주체적으로 자주 등장시켰다. 주로 뒷모습이 많이 보이는 카유보트의 그림 속 남성들은, 잘 차려입은 양복을 입은 근대적 신사의 모습으로 파리의 세련되고 잘 정돈된 거리를 활보한다. 여성들은 대부분 피아노, 독서, 바느질을 하는 모습으로 표현되고 남성들은 거리를 여유롭게 누빈다. 남녀 활동의 대조적인 모습은 공적인 도시 공간이 남성들—또는 여성들일지라도 남성과 함께 있는—의 지배 공간이었음을 단적으로 보여 준다.

　〈파라솔 아래 화가〉와 같이 파라솔 아래 앉아 그림을 그리고(그 옆에는 강아지가 무료한 듯 졸고 있다), 〈오렌지 나무들〉과 같이 나무 그늘 아래 앉아 신문을 보는 남자의 모습들. 여유로운 시간을 보내는 주체들이 모두 남성으로 표현되어 있다. 여자는 주변적인 역할로 한정되어 있고, 남성 옆에는 부르주아 계급만의 소유물이라고 해도 과언이 아닐 애완동물까지 등장한다.

　현재 사회는 남녀 사이의 역할 및 행동으로 그 안의 사고를 규명한다는 것 자체가 이상하게 느껴질 정도로 남녀가 평등한 사회이기 때문에 이런 논의 자체가 의미 없을 수도 있다. 하지만 귀스타브가 화폭에 담은 세상은 분명 근대적인 남성 지배 의식이 강하던 시대이기 때문에 그림 속에서도 남녀가 불평등했던 모습들이 충분히 읽혀신나.

　〈낚시〉에서도 여자는 의자에 앉지도 않고 낚시하는 남성 뒤에 시중들 듯 서 있다. 〈오르막길〉에서도 구도적으로 그림의 중심에는 남

그림 5-7 귀스타브 카유보트의 그림들. (왼쪽 위부터 시계방향으로)

A. 〈파라솔 아래 화가〉
B. 〈오렌지 나무들〉
C. 〈낚시〉
D. 〈오르막길〉

성이, 가장자리에는 여성이 그려져 있다. 그의 그림에서 중심 또는 원근법상으로 앞서 있는 것은 늘 남성이다. 또한 남성들이 발코니 위에서 내려다보는 모습도 그의 작품 속 등장인물의 특징이다. 우연의 일치이라고 하기에는 꽤 일관적인 시선으로 남성을 표현한 카유보트의 작품을 통해서 남성이 지배하고 있던 당시 사회의 시대상을 엿볼 수 있다.

└ 남자들의 생소한 모습

혹자는 이렇게 말하기도 한다. 카유보트가 남자가 아닌 여자의 그림을 많이 그렸다면 현 시대에 고흐나 모네처럼 유명해졌을지도 모르겠다고. 당시 경제적으로 어려웠던 인상파 화가들의 그림에 아름다운 여성의 모습이 많이 담겼던 이유는 여러 가지가 있었겠지만, 순수한 화가의 작품세계 뒤에는 '팔릴 만한' 그림을 그려서 생계를 이어 가야 한다는 현실적인 이유도 있을 것이다.

반면 카유보트는 굳이 그림으로 경제적인 수입을 얻을 필요가 없었으므로 오히려 자신이 추구하고자 했던, 표현하고자 했던 세계를 모두 고민 없이 화폭에 담아낼 수 있었을 것이다. 따라서 카유보트의 작품은 당시 귀족들의 거실에 걸릴 만한 아름다운 볼거리를 제공해 주지 못한다는 측면이 있었기 때문에 잘 팔리지 않았을 것이고, 그래서 알려지지 않은 작품들이 더 많다. 그 덕분에 오늘날 우리가 그 당시의 남성의 모습들이나 현 시대에도 잘 알려지지 않은 그의 숨

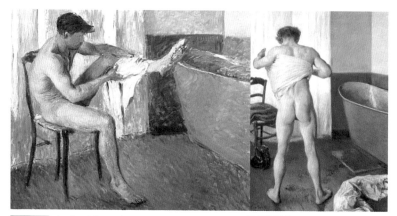

그림 5-8 **귀스타브 카유보트**, 〈다리를 닦는 남자〉, 1884년, 보스턴 미술관.

그림 5-9 **귀스타브 카유보트**, 〈목욕하는 남자〉, 1884년, 보스턴 미술관.

은 작품들을 숨은 그림 파헤치듯 찾아내는 즐거움을 느낄 수 있는 것은 아닌가 싶다.

그래서 더 생소하고 호기심 강한 눈으로 보게 되는 그림이 있다. 바로 〈다리를 닦는 남자〉와 〈목욕하는 남자〉이다. 이 두 작품은 카유보트 작품 내에서도 생소한 주제이긴 하다. 그는 주로 풍경화, 초상화, 정물화를 그렸기 때문에 누드화는 거의 제작하지 않았음에도 불구하고 이 두 작품은 예외적이다. 〈목욕하는 남자〉는 지금도 생소하게 보이지만 당시 사회에서는 더욱 받아들이기 어려웠다.

옷을 입거나 목욕하는 장면들은 주로 여성을 그릴 때 표현되는 장면이었기 때문에 이 자체로도 파격적으로 인식되었다. 중요한 것은 남성들이 사회 모든 계층과 개인의 삶에서 지배적인 인물로 간주되

였음에는 틀림없다. 한 가지 흥미로운 것은 여성 해방 운동이 일어나면서 부르주아 가치관과 함께 이러한 관점이 흔들리기 시작했다는 것이다. 사적인 공간에 욕조를 보유하고 있는 현대적인 남성의 모습이 왠지 독특하게 느껴지는 이유도 그 때문일까.

그는 이렇게 사실적인 표현을 많이 했는데 그중에서도 유명한 것이 바로 〈대패질하는 사람들〉이다. 이 그림을 보고 있노라면 처음에는 신기할 만큼 사실적이고 역동적인 묘사에 놀란다. 마룻바닥을 서걱서걱 긁는 소리, 땀방울이 마룻바닥으로 뚝뚝 떨어지는 소리까지 들리는 것 같다.

바닥에 쏟아지는 빛의 효과, 화면을 구성하는 각 요소들의 균형, 화

그림 5-10 귀스타브 카유보트, 〈대패질하는 사람들〉, 1875년, 오르세 미술관.

면 전반에 깊게 흐르고 있는 사실주의 화풍은 19세기 후반 파리를 빛낸 예술가 중 하나였던 그의 재능을 유감없이 보여 주고 있다.

〈대패질하는 사람들〉은 도시 노동자의 생활 모습을 보여 주는 몇 안 되는 최초의 작품이다. 밀레_{Jean Francois Millet}의 〈이삭줍기〉 등과 같이 시골에서의 노동 모습은 종종 있었지만 도시에서 일하는 노동자들의 모습은 흔히 볼 수 없는 작품이었다. 또한 그는 그림 속에 어떠한 도덕적·정치적 의미는 담지 않고, 단순하게 사람들의 움직임과 도구들을 사실적으로 표현하는 것으로만 그들의 노동과정을 표현했다.

하지만 오히려 1875년 살롱전에 〈대패질하는 사람들〉을 선보인 후, 심사위원단은 이 작품을 조잡한 사실주의라고 평했으며, 일부에서는 '저속하고 천박한 주제'라고 비평하기도 했다. 그에 굴하지 않고 1876년 두 번째 전시에 다시 이 작품을 출품했는데, 비평가들은 "위대하고도 현대적인 장면에 충격을 받았다."라고 평했다는 일화가 있다.

그의 작품이 매력적인 이유는 단순히 남성이 우월하다는 시각만 있는 것은 아니기 때문이다. 카유보트가 그리는 남자들은 '사색'을 한다. 주어진 공간 안에서 부르주아 계급은 부르주아 계급 나름의, 노동자 계급은 노동자 나름의 '깊은 사색'에 빠져 있다.

'도시'라는 같은 공간에 있는 남자 모두 노동자 계급이건 부르주아 계급이건 무언가를 응시하며 사색에 빠져 있는 것처럼 보인다. 대개 응시의 대상은 곧 욕망의 대상이 되기 마련이지만 카유보트 그림 속 남자들은 무언가를 욕망하는 것 같진 않다. 허공이나 경치를 막연히

귀스타브 카유보트, 〈페인트공〉, 1877, 개인 소장.

바라보고 있기 때문이다. 도시 생활의 외로움이나 고독함을 상징하는 것은 아닐까.

└ 과장된 원근법

카유보트가 〈발코니〉를 그렸던 1880년 파리에는 폭설이 쏟아졌고 2월이 되어서야 평년 기온을 되찾았다고 한다. 이 신사는 봄의 초

19세기 유럽 시민 사회의 변동은 미술사에도 큰 영향을 미쳤다. 19세기는 사회적 측면에서 근대화가 이루어진 동시에 미술사 측면에서도 '근대화(Modernity)'가 이루어진 시기이다. 19세기 이전, 미술이 정치적·종교적 권위에 종속된 '삶을 위한 예술'이었다면, 19세기 이후는 삶에 대한 내용 요소가 빠진 '형식'만 남은 '예술을 위한 예술'이었기 때문이다. 특히 19세기는 정치적으로 민주주의, 자유주의, 개인주의를 바탕으로, 상업이 활발하게 이루어지며 경제적으로 자본주의 사회로 변했기 때문에 예술가와 후원자 간의 관계적인 변화도 나타났다. 즉 정부의 통제하에 이루어지던 후원이 미술 시장의 활성화로 개인 수집가들에 의한 미술품의 상품화가 이루어졌다. 이와 같이 19세기 사회의 변화는 미술사의 변화와 매우 밀접하게 연관되어 있다.

18세기 계몽주의 사상은 이성을 통해 개인의 자유 의식을 일깨웠다. 나아가 영국의 산업 혁명, 프랑스의 시민 혁명을 거친 19세기 유럽은 절대왕권이 붕괴되어 갔다. 동시에 이 시기의 미술은 교회나 왕권에서 벗어나 정치, 경제, 사회, 과학, 문학 등 다양한 분야의 지식과 결합했고, 전통에 대한 비판 의식을 가졌으며, 예술가들은 소그룹 단위로 활동하여 예술에 대한 주의·주장을 적극적으로 펼치기 시작했다.

프랑스 혁명의 여파로 나타난 19세기 전반의 신고전주의 미술은 여성적이고 귀족 취향의 로코코 미술에 반발하여 나타났다. 낭만주의는 19세기 초반 지나친 이성을 중시한 계몽주의, 그리고 엄격하고 절제된 구도와 관념적 색채를 사용한 신고전주의에 반발하여 나타나게 되었다. 이후 19세기 중반에는 자본주의와 과학과 산업 발달, 실증주의적 사고의 영향으로 사실주의(realism)가 나타났는데, 사실주의학파는 실재(reality)를 꾸밈없이 적나라하게 표현하는 것이 예술의 사회적 의무라고 생각했다.

19세기 후반의 인상주의는 과학의 발달과 함께 빛에 대한 연구와 색채학 이론의 발달, 사진기의 발명(1840)을 바탕으로 발전했다. 파리만국박람회(1867년) 때 일본 우키요에의 사진기 수입 이후 원색과 파격적인 구도의 평면 회화에 대한 관심이 대두된 것이다. 이들의 그림은 개성적이기는 했으나 시각적인데 의존하고 있으며, 소재는 중상류층의 도시적인 생활과 도시적인 여가 활동에 초점이 맞춰져 있었다. 당시 사회는 눈부신 과학의 진보와 도시화, 산업화가 급속도로 진행되었기 때문이다. 또한 도시의 인구 집중으로 인한 '오락', '여가'라는 개념이 자리 잡던 시대였기 때문에 변화하는 쾌활한 도회적 삶의 광경 등 산업 발달의 긍정적인 모습들(기차역을 그린 그림들–모네, 카유보트)이 사진 찍히듯 광학적 원리에 의해 화폭에 담겼다. 한편 그들의 화폭 이면에는, 자본주의 사회가 가지고 온 사회적인 부작용(빈부격차, 환경오염, 인간 소외 등)도 함께 표현되기도 했다.

인상주의나 신인상주의 화가들이 물체의 외부 색에만 집착했던 반면 후기인상주의 화가(세잔,

고갱, 고흐)는 작가의 주관에 의한 개성을 강조하여 표현한 것이 특징이다. 세잔은 대상이 지닌 순간의 인상보다는 대상의 영구 불변적 형태(구, 원뿔, 원기둥)로 파악하여 피카소와 브라크에 영향을 주며, 입체주의의 기초를 마련했다. 퐁타벤화파를 주도한 고갱은 인상주의화가에겐 없는 삶과 죽음, 슬픔과 환희 등 인간적인 과제를 원색조의 넓은 평면적 붓 터치와 단순화된 형태로 종합주의적 경향을 만들었고, 상징주의와 표현주의, 야수파에 영향을 주었다. 고흐는 강렬한 원색과 꿈틀거리는 붓 터치를 사용하여 형태를 변형하고 왜곡시켜 내면의 욕구를 분출시키며, 이후 표현주의의 원동력을 마련했다.

이와 같이 19세기의 미술은 서구 시민 사회의 전개 과정을 잘 반영하고 있는 시대의 거울이라고 할 수 있다.

록빛을 그래서 더 여유롭게 느끼고 있을까.

이 작품 덕분에 우리는 발코니에 서 있는 남자의 시선과 동일선상에서 파리 도시의 풍경을 내려다보는 간접 체험을 하게 된다. 카유보트는 여러 작가들의 방식을 모방한다는 비난을 받기도 했지만(르누아르 또는 마네를 연상시키는 화풍으로 그림을 그리기도 했다.) 그만의 독창적인 구성 방식이 존재했기 때문에 이러한 비난은 한쪽으로 제쳐두고, 그럼에도 자신만의 독특한 표현 방식이 존재했던 화가라고 평을

그림 5-12 귀스타브 카유보트, 〈발코니〉, 1880년, 개인소장.

받는다. 카유보트의 방식이란 바로 과도한 대각선 구도, 과장된 원근법이다. 앞서 제시되었던 〈비 오는 파리 거리〉와 〈유럽 다리〉에서 이러한 구도가 잘 보였고, 〈발코니〉역시 다른 인상주의자들의 원근법과는 색다르다. 또한 가장자리를 자르는 '크로핑Cropping'과 같은 사진 기법에서 사용되는 시각적인 구성 방식을 즐겨 사용하며, 도시 일상의 한 순간을 포착해 담았다.

〈발코니〉역시 대각선 구도와 과장된 원근법이 사용되며, 근대화된 도시의 모습을 구경하는 남성들의 모습을 가장 중심에, 또는 가장 크게 부각시키며 도시에서의 주체적인 존재로 표현했다.

도시에서 여유를 즐기는 남성을 그린 것과는 대조적으로 카유보트의 그림에서 여성은 도시가 아니라 시골에서 등장한다. 주로 한적한 뜰에서 바느질하는 모습을 그리곤 했는데 〈그림 5-13〉은 제목조차 〈시골에서의 초상〉이라는 점에서 도시 공간은 남성이 지배하고 있다고 인식했다는 것이 더욱 극명하게 보인다.

19세기 당시에는 현재의 공간을 인식하는 방법과 달리 성sex에 따라서 공간을 체험하는 경험이 다를 수밖에 없었고, 따라서 파리의 잘 정돈된 대로변이나 카페, 파라솔 등의 공간은 남성이 암묵적으로 지배하는 공간이었다. 반면 여성들은 주로 사적인 공간에 머무르는 모습이 많이 표현되었는데 이는 카유보트의 작품뿐만 아니라 19세기 후반의 작품에서 많이 나타난다.

이러한 현상을 두고 페미니스트 미술 이론가들은 '젠더화된 공간gendered space'이라고 지칭했다. 생물학적인 성별이 아닌, 사회적인 경제

그림 5-13 귀스타브 카유보트, 〈시골에서의 초상〉, 1876년, 바롱 제라르 박물관.

그림 5-14 귀스타브 카유보트의 남자 그림. 〈베지크 게임〉, 〈창가에 서 있는 청년〉

체계 속에서 만들어진 젠더^{gender}, 즉 여성성과 남성성에 의하여 공간이 다르게 인식된다는 것이다. 카유보트의 작품을 통해 19세기 프랑스 사회에서 남성과 여성에 대한 철학이 어떠했는지 살펴볼 수 있다.

∟ 발코니에서 본 시선에 걸린 오스망 양식

발코니에 서서 오스망 대로를 내려다보고 있는 '관찰자'의 시선의 끝에서 '오스망 양식'이라고 불리는 파리의 멋스러운 건물에 시선이 꽂힌다. 석조로 지어진 건물에 아연 합금 지붕이 덧대어진 양식이 '오스망 양식'이다. 카유보트는 고급문화의 상징이었던 이러한 건물들과 거리를 화폭에 담았다.

〈6층에서 내려다 본 알레비 거리〉라는 작품에서 표현된 알레비 거리는 오페라 가르니에로 가는 거리로, 나폴레옹 3세가 세운 오페라 극장이다. '알레비'라는 이름 자체가 유명한 작곡가인 프라망탈 알레비의 이름을 따서 지어진 것이기 때문에, 이 거리들은 부르주아들이 여유를 향유하는 공간이라고 상징된다.

오스만이 재정비한 파리는 현대적인 건물들로 채워지기 시작했다. 백화점이 등장하기 전까지는 유리로 지붕이 덮인 '파사주^{Passage}'라는 상가들이 파리 도시에 즐비했는데, 파사주가 과거 파리의 모습이라면, 이후 등장한 백화점은 오스만이 재구획한 '직선의 아름다움'을 보여 주는 현대적인 파리 모습을 대변한다고 할 수 있다.

〈발코니〉에서부터 〈눈 내린 오스망 대로〉까지. 그리고 파리의 옛

그림 5-15 (왼쪽 위부터 시계 방향으로)
A. 《6층에서 내려다본 알레비 거리》
B. 《위에서 내려다본 대로》
C. 《눈 내린 지붕》

파사주

오스만 프로젝트 당시 오스만은 빈민 거주지를 강제로 외곽에 옮기며, 대로를 닦아 시내를 구획했다. 이때 골목길이 거의 붕괴되었는데 그러면서 소위 골목상가인 파사주도 사라지게 되었다. 파사주가 사라진 자리엔 아케이드와 백화점을 세웠다. 당시 파리는 만국박람회의 성공적인 개최, 명실상부한 유럽의 수도라는 자부심, 새로운 자본주의에 맞는 도시가 되어야 한다는 생각이 지배적이었다. 그러나 빈민과 상인들은 반발할 수밖에 없는 정책이었다. 에밀 졸라의 소설 『여인들의 행복 백화점』(1883)에서도 당시 상황을 가늠할 수 있는 대목이 나오기도 한다. "저놈의 백화점 하나 때문에 우리 같은 소상인이 다 죽게 생긴 거란 말이지."

그림 5-16 귀스타브 카유보트, 〈눈 내린 오스망 대로〉, 1880년, 개인 소장.

모습을 그린 〈눈 내린 지붕〉과 〈위에서 내려다본 대로〉는 모두 위에서 내려다보고 있다. 그들은, 카유보트는 무엇을 보는 것일까? 아마도 대단하지 않은, 특별하지 않은 일상적인 도시의 거리 풍경을 보고 있었을 것이다. 동시에 내려다보는 사람 역시 밖에서, 아래에서 누군가가 자신을 오히려 더 흥미롭게 쳐다볼 것이라는 것도 알았을 것이다.

자신의 삶을 분주하게 살아가면서도 한편으로는 서로에게 도시 속 하나의 풍경이 되어 구경거리를 제공해 주는 것을 알고 있는 이중적인 존재. 그걸 깨닫게 되는 순간 도시는 이와 같이 서로의 일상과 기억과 경험을 서로 공유하며 주고받는 공간이 된다. 그렇게 공유하게 된 서로의 일상 모습들은 각자에게 또 다른 의미로 생산되어 익숙한 것들에서 낯선 것들이 새롭게 재창출되는 에너지를 뿜어내고 있을 테니 도시라는 공간은 참으로 매력적인 공간이다. 19세기에도 현재에도.

일상을 기록하고 싶은 욕망

우리 삶의 모든 상황들의 순간 순간은 눈앞에서 덧없이 사라져 버린다. 이러한 상황 또는 사물의 상을 고정시키고자 하는 인간의 욕망은 아마도 인간의 역사가 시작되면서 함께 계속 이어져왔다고 해도 과언이 아닐 것이다. 그 이유는 인간에게는 사물의 상 또는 순간을 붙잡거나 오래도록 지속시켜 기록하고자 하는 근본적인 욕구가 있기 때문이다.

과거에는 순간의 상황을 붙잡아 기록으로 남길 수 있는 방법이 오직 회화와 같은 예술에서만 실현 가능했다. 그러나 이러한 예술 작품들은 있는 그대로의 자연을 반영하기보다는 작가의 세계에 대한 이상적이고 주관적인 해석을 거치기 때문에 그 이상의 의미를 지니지 않았다.

르네상스 이후 19세기까지의 사람들은 원근법에 대한 개념을 확립하면서 현실 세계를 과학적으로 바라보는 법에 대해서 인지하게 되었다. 그 이후 19세기 초반에 들어서자 현실을 포착할 새롭고 객관적인 매체에 대한 요구가 강해졌는데, 그것은 곧 사진술의 발전으로 이어지게 되었다. 많은 발명가들은 순간을 기록으로 남기고자 하는 인간의 욕망을 해결하기 위한 기술을 발명하기 위하여 매달렸고, 렌즈와 기계에 대한 연구를 한 노력의 결과로 오늘날의 카메라와 사진이 탄생하게 되었다. 이는 곧 이러한 매체를 요구하는 사람들의 요구를 해결함과 동시에 사회적 발전이 이루어진 것이라고 하겠다.

화가이자 사진가였던 샤를 네그르 Charles Nègre는 회화와 사진이 어떤 관계를 맺고 있었는지를 보여 주는 작품을 많이 남겼다. 그는 풍속화에 깊은 관심을 가지고 있었는데 그의 관심은 풍속화의 사회 고발적인 내용보다는 활동하는 인간의 동작을 사실적으로 표현하는 데 있었고, 사진은 이런 관심에 부합되는 매체로서 네그르에게 좋은 기계적 수단이 되었다.

〈굴뚝청소부 보행〉은 샤를 네그르가 1851년에 찍은 사진인데 언뜻 보기에는 사람이 걸어가는 순간을 포착한 것처럼 보인다. 하지만 이 사진은 오늘날 우리가 생각하는 스냅사진이 아닌 연출사진이다. 당시의 카메라는 기술적인 한계가 있었기 때문에 걸어가는 순간을 찍을 정도의 빠른 셔터 스피드를 확보하기가 불가능했다. 그래서 굴뚝청소부가 걸어가는 포즈를 고정하도록 하여 촬영한 것이다. 이는 그 당시의 움직임에 대한 사진술에 대한 연구. 즉 순간적으로 지나가는 짧은 순간을 평면에 고정시켜서 기록으로 남기려는 인간의 욕구가 얼마나 절실했는지 알 수 있다.

사진 5-4 샤를 네그르Charles Negre, 〈굴뚝청소부 보행Chimney sweeps walking〉, 1851년, 캐나다 국립미술관.

움직이는 상황을 고정하여 표현하려는 인간의 욕구는 회화 부문에서도 나타나는데, 인상주의 화가인 귀스타브 카유보트가 그 대표적인 예이다. 앞서 소개한 카유보트의 대표작인 〈비 오는 파리 거리〉에서는 현대적인 차림으로 단장한 두 남녀가 파리 시내에서 비가 오는 날 우산을 받쳐 들고 거리를 걷고 있다.

카유보트의 그림에서 걷고 있는 사람들의 모습은 샤를 네그르의 사진과 같이 두 발이 모두 지면에 닿아 있는 모습인데, 카유보트의 작품이 네그르의 사진과 다른 점이 있다면 움직이는 모습이 보다 자연스럽게 묘사되었다는 것이다. 카유보트는 이와 같이 그의 여러 작품들을 통하여 움직이고 걷는 사람들의 자세한 모습에 대해 연구하고, 작품에 담아냈다.

이러한 인간의 욕구와 그에 따르는 연구가 뒤따랐기에 렌즈의 광학적인 발전이 가능했고, 사진술은 고도로 발달하게 되었다. 이를 통하여 사람들은 인간의 눈으로 보지 못하는 빠른 시간을 한 폭의 그림을 통해서, 더 나아가 사진을 통해서 기록으로 남겨 볼 수 있게 되었다. 결국 눈앞에서 덧없이 사라져 버리는 사물의 상을 고정시키고자 하는 인간의 욕망은, 과학 기술의 발전과 무수한 실험 연구를 기반으로 사진술을 발달시켰다. 또한 그 결과로 인간의 눈으로 보존이 불가능한 짧은 순간도 오랜 기억으로 기록하는 것이 가능해졌고, 이는 인간의 시간에 대한 인식까지 변화시킨 것이라고 볼 수 있다.

비평가 조리 카를 위스망스 Joris Karl Huysmans는 카유보트를 "현대인의 존재"와 "예술과 인생의 우수함"을 표현할 수 있는 재능을 가진 화가라고 칭찬했다. 또한 위스망스는 그의 그림에서 "거리를 지나는 이들의 왁자지껄한 소리", 그 가운데 "마차가 굴러가는 소음"을 느낄 수 있을 정도로 묘사가 생생한 화가라고 칭찬하기도 했다. 위스망스에게 있어 카유보트는 "창문의 커튼에 가로막힌 빛, 작고 얇은 커튼 사이로 스며드는 빛… 파리의 빛"을 그리는 빛의 화가로 평가받는다.

카유보트는 인상파 화가로서의 명성보다는 인상파 화가들을 후원한 사람으로 더 유명했지만 오히려 그의 작품 세계를 들여다보면 화가로서의 재능이 매우 뛰어났다. 따라서 '부르주아 출신의 화가'보다는 '파리의 도시적 풍경을 카메라적인 시선으로, 매우 독자적인 자신만의 독특한 기법으로 세상을 포착하여 담아낸 재능 있는 화가'라고 더 높은 칭송을 받아도 아깝지 않을 화가이다.

한 공간 속에 삶의 일상적인 모습들이 공존하는 모습을 담아내며, 19세기 파리의 모습을 최대한 무심한 시선으로, 그래서 오히려 사실적으로 표현하고자 했던 파리지앵느 카유보트. 그가 보여 준 파리의 모습에는 결국 평범한 우리와 크게 다르지 않은 '사람 냄새'가 진하게 느껴진다.

謙齋 鄭歚

6교시

겸재 정선과 함께 떠난
300년 전 한양 여행

겸재 정선(謙齋 鄭歚, 1676~1759년)은 조선 후기에 유행한 진경산수화와 남종문인화의 바람을 일으킨 선비화가이다. 〈도산서원〉 〈인곡유거도〉 〈인곡정사도〉 등의 작품을 남겼다. 겸재가 살던 시대인 진경시대(眞景時代)는 숙종대에서 영조대까지인데 그의 활동기인 영조대에는 진경시대 중에서도 전성기였다. 진경시대란 조선 후기 사회가 양란의 후유증을 극복하고 조선 고유 문화인 진경 문화를 이루어 낸 시기를 의미한다. 이러한 문화를 만든 것은 왕들(숙종, 영조, 정조)이었지만 당시대가 진경시대임을 작품으로 증명한 사람은 바로 정선이었다.

한국사 책에 나오는 〈인왕제색도(仁王霽色圖)〉는 누구나 한번쯤 본 그림이다. 진경산수화의 대가인 겸재 정선의 작품이다. 정선은 왜 인왕산을 배경으로 어마어마한 대작을 남겼을까? 왜 하필 인왕산이었을까? 그것은 바로 정선의 삶의 무대가 바로 한양이었기 때문이다.

한 대학 교수는 사과를 있는 그대로 두고 보는 사람은 드물다고 했다. 사과를 먹거나 깎는 등 이용하는 사람은 많지만 사과를 바라보고만 있는 사람들은 드물다는 것이다. 누구나 삶의 터전이 있다. 삶의 터전을 이용하는 사람이 대부분이지만 정선은 사과를 놔두고 보듯 자신의 삶의 터전을 그림으로 남겼다. 후대 사람들에게 정선의 작품은 평생 두고 보는 사과가 된 것이다.

겸재 정선은 양반 가문에서 태어나긴 했지만 가난한 집안의 막내였다. 어릴 때부터 집안 살림을 돕기 위해 일을 해야 했지만 그림

사진 6-1 한국사 책 속의 〈인왕제색도〉.

에 대한 재능과 열정은 사그라지지 않았다. 그는 유란동 인근에 살던 학자들, 즉 김창협, 김창흡, 김창업의 문하에 드나들면서 성리학과 시문 수업을 받았고 자연스럽게 이들 집안과 인연을 쌓아 갔다. 아름다운 강산을 시로 읊는 수업을 받고 문하생들과 교류하면서 사상적으로나 예술적으로도 많은 영향을 받았다.

겸재 정선 특유의 진경산수화풍은 30~40대에 형성되었는데, 중국 남종화법을 발판으로 우리나라식으로 발전시켜 갔다. 그가 그린 그림 중에는 18세기 한양과 그 주변 풍경을 담은 작품들이 단연 돋보인다. 인왕산에 있는 자신의 집을 배경으로 한 〈인곡유거(仁谷幽居)〉, 그 집에서 쉬고 있는 자신의 모습을 그린 〈독서여가(讀書餘暇)〉를 위시하여 〈백악산(白岳山)〉, 〈대은암(大隱巖)〉, 〈청송당(聽松堂)〉, 〈자하동(紫霞洞)〉, 〈창의문(彰義門)〉, 〈백운동(白雲洞)〉, 〈필운대(弼雲臺)〉, 〈경복궁(景福宮)〉, 〈동소문(東小門)〉, 〈세검정(洗劍亭)〉 등 그 작품을 감상하고 있다 보면 300년 전 한양에 와 있는 듯한 착각이 든다.

정선은 40대 이후에 관직에 진출하여, 40대 후반에서 50대에는 경상도 하양현감과 청하현감을 지냈고 서울, 경기 지역 외 경상도, 충청도 지역까지 여행하면서 우리나라의 아름다운 자연을 화폭에 담았고 정선만의 개성 있는 진경산수화풍을 확립해 나갔다.

'상전벽해'라는 말이 있듯이 겸재 정선이 그린 한양은 지금과 너무 다른 경관을 보이고 있다. 지금부터 정선의 작품 속 한양과 오늘날의 서울을 살펴보며 서울의 고금(古今)을 비교해 보자.

붓[筆]으로 표현한 정선의 한양과 오늘날 서울

　겸재 정선은 1676년(숙종 2년) 한양의 유란동 난곡에서 태어나고 자랐다. 유란동은 서울의 경복궁 뒤, 백악산 아래에 위치한 곳으로, 지금의 경복고등학교 부근이다. 경복고등학교는 현재 종로구 청운효자동(2008년 11월 1일에 법정동 청운동과 효자동을 통합해, 행정동을 청운효자동으로 바꾸었다.)에 있다. 서울의 좌청룡, 우백호, 북현무, 남주작을 두루 볼 수 있는 곳에서 살았기 때문에 정선의 작품에 이 지역과 관련된 그림이 많았을 것이다.

　지도의 북동쪽으로 보이는 산은 북악산이다. 정선은 〈청송당〉에서 북악산 능선을 표현하였으며 국립중앙박물관본 〈청송당〉에는 한양 성벽이 묘사될 정도로 자세히 그렸다. 이는 현지인의 시각이 아니면 표현할 수 없는 세세함이다.

사진 6-2 서울특별시 종로구 청운동 항공사진.

그림 6-1 정선, 〈청송당(간송본)〉, 1751년(영조27)경, 간송미술관.

그림 6-2 정선, 〈청송당(국립중앙박물관본)〉, 1755(영조 31)년경, 국립중앙박물관.

청송당은 현재 어디?

청송당은 조선 중종 때 문인 성수침(成守琛)의 서실에서 비롯되었다. 성수침은 기묘사화 때 스승 조광조와 많은 선비들이 화를 입자 벼슬길을 단념하고 집 뒤에 조그만 서실을 마련하여 독서에 집념했다. 현재 건물은 남아 있지 않고 경기상고 후원에 바위글씨만 전할 뿐이다.

사진 6-3 서울시 종로구 청운동 경기상고 구내.   사진 6-4 청송당유지 바위 글씨.

청송당은 조선 중기, 조광조의 제자이자 대학자인 청송 성수침(成守琛)이 두문불출하면서 공부했던 독서당 터이다. 성수침 또한 유란동에 살았는데 겸재보다 200년 정도 앞서 살았다. 자그마한 기와집 모습을 한 청송당은 울창한 소나무 숲속에 호젓하게 자리하고 있는데 뒷산은 북악산 자락이고 개울 건너 작은 살림집이 있는 곳은 인왕산 줄기이다.

겸재 정선은 52세가 되던 해 인왕곡으로 이사를 한다. 〈인곡유거〉, 〈인곡정사〉는 겸재 본인의 집을 작품으로 남긴 것으로 집과 자신, 그리고 집을 둘러싼 자연과 자신을 한 폭의 그림에 넣어 자연과 하나 되어 살아가는 삶을 우리에게 보여 주고 있다. 현재는 그 터에 군인아파트가 들어서 있다. 그림 속 배경이 된 산은 인왕산이다.

인왕산의 구체적인 경관은 〈창의문〉에서도 잘 표현되어 있다. 〈창의문〉 속 백련봉 꼭대기에 작게 솟아 있는 바위가 바로 부침바위이다. 이렇게 겸재 정선은 자신의 삶을 있는 그대로 간직하기 위해 단 하나의 작은 지형도 놓치지 않으려 애썼음을 알 수 있다.

그림 6-3 정선, 〈인곡유거(仁谷幽居)〉, 제작연도 미상, 간송미술관.

부침바위? 해골바위?

부침바위는 해골바위라고 불리기도 한다. 부침바위든 해골바위든 지형학적 명칭은 '토르(tor)'에 해당한다. 서로 직교하는 수직절리와 수평절리에 의해 기반암이 일련의 블록으로 나뉘어 있으면 수분은 절리면을 따라 선택적으로 침투해 들어간다. 이러한 경우 풍화를 가장 많이 받는 부분은 블록의 모서리이기 때문에 이들 블록은 결국 동글동글한 암괴나 원력으로 변하면서 새프롤라이트(saprolite)로 둘러싸이게 된다. 암석이 이러한 모양으로 부서지는 것을 '구상풍화'라고 하며 구상풍화 작용을 받은 돌을 '핵석'이라고 한다. 새프롤라이트가 제거되어 핵석이 탑처럼 쌓여 있으면 그것을 '토르'라고 한다. '타포니(tafoni)'란 주로 화강암류와 같은 결정질 암석에 형성되는 미지형으로 암괴의 측면에 동굴 형태로 발달한 구멍 형태의 지형을 말한다. 토르에서 타포니가 발달한 부분은 다른 부위보다 풍화가 더욱 진전되어 있는 것이 일반적이며 타포니는 토르의 형태를 변형시키거나 파괴시키는 작용을 한다.

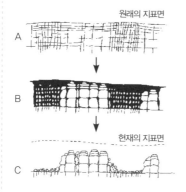

화강암의 절리 및 심층 풍화와 토르의 발달

A) 풍화작용을 받기 이전의 상태.
B) 절리가 많은 부위에 심층풍화가 특히 깊게 진행되었다.
C) 새프롤라이트가 제거되고 절리가 적은 부위에 토르가 형성되었다.

그림 6-5 정선, 〈창의문(장동팔경첩 중)〉, 1755(영조31)경, 국립중앙박물관.

겸재 정선이 우리의 산만을 그린 것은 아니다. 시선을 돌려 한강 역시 정선의 작품 속에 섬세하게 표현되어 있다. 정선의 작품 속 한강 주변이 오늘날과 너무 달라 과연 이곳이 같은 곳인지 비교하며 의아해할 뿐이다.

양화진은 한강변 양화나루로 예부터 배가 드나들었던 지역을 규모에 따라 지명 끝에 도, 진, 포, 파를 붙여 일컬었다. 한양에서 김포, 강화, 인천 등 경기 서부지역으로 가려면 반드시 이 나루를 건너야 했다. 정선의 〈양화환도〉는 한자로 '楊化喚渡'라고 쓰는데 '양화

그림 6-6 〈양화환도〉, 제작연도 미상. 간송미술관 소장.

나루'에서 강을 건너려고 배를 부르다.'라는 뜻이다. 겸재가 살던 시대에는 길손이 강 건너에서 소리쳐 부르면 사공이 배를 저어 건너와 태우고 갔던 것이다. 그림에서 보이는 바위절벽은 지금의 절두산인 절두봉이다.

한강은 그야말로 서울 시민과 떼려야 뗄 수 없는 삶의 터전이었다. 양화진 역시 정선의 작품 속에는 잔잔함과 평온함이 느껴지지만, 우리의 삶과 함께하면서 오늘날 역사의 현장을 되돌아볼 수 있는 경관이 고스란히 남아 있다.

병인박해

1966년, 병인박해 100주년을 기념하여 이 땅에 참된 진리와 빛을 남겨준 순교자들의 고귀한 얼을 현양하고자 절두산 순교 터 위에 기념관(박물관과 성당)을 건립했으며, 성당 지하에 28인의 순교복자 유해안치실을 설치했다.

'병인박해'는 조선시대 후기에 대원군이 천주교들을 대량 학살한 사건을 말한다.

조선의 지배층은 천주교를 제사를 거부하고 서양 오랑캐를 끌어들인다는 이유로 이단으로 규정하

사진 6-7 양화진 순교자 묘지.

였다. 이는 봉건적 이데올로기와 통치 질서를 무너뜨린다는 우려에 의한 것이었다. 1866년 흥선 대원군은 천주교도를 잡아들이기 시작하여 9명의 프랑스 신부와 조선인 천주교도들을 처형하였다. 이를 구실로 프랑스는 강화도를 침범하였는데 이를 병인양요라고 한다.

〈양화환도〉와 함께 한강변의 대표적인 나루로 〈광진〉을 손꼽을 수 있다. 겸재 정선의 〈광진〉은 현재 호텔과 아파트가 들어선 아차산 부근을 그린 것이다. 광진은 광나루라고도 하는데 요즘으로 치면 광진구 광장동에서 천호동으로 가는 나루이다.

　오늘날의 광진은 잠실의 수중보로 인해 나루터 기능보다는 여가 공간으로 탈바꿈하여 우리와 함께하고 있다. 여가 공간의 활용은 좋으나 수중보로 인한 환경오염 및 생태계 파괴도 잠시 생각해 볼 문제이다.

조선시대의 광나루

조선시대 서울에서 중랑천을 건너 이곳 광나루에서 배를 타고 한강을 건넌 후 광주를 거쳐 남쪽 지방으로 왕래할 수 있었다. 따라서 이 나루는 강원도와 남쪽 지방으로 가는 사람들이 주로 이용하던 곳이다. 광진은 처음에 중급의 나루였으나 곧 승격하여 태종 때에 별감이 배치될 만큼 요충지로 발전되었다. 조선시대 한강과 남한강 및 북한강 유역을 관리하면서 수운을 담당하고 있던 곳이 좌도수참(左道水站)이며, 좌도수참의 별감이 이곳 광나루에 상주하면서 한강을 오가는 사람들을 기찰하고 한강의 조운을 관장했다. 세종 때 삼밭나루가 개설되면서 광나루의 기능은 약화되었다.

광진(廣津)을 광장(廣場)으로 만든 잠실 수중보

수중보는 물속에 약간 잠기게 설치를 해서 물의 흐름 속도를 낮추는 시설이다. 수중보의 건설 목적은 하천의 수위를 일정하게 유지하기 위한 것이다. 그러나 수중보 건설로 하천의 흐름이 차단되어 수중생물의 이동 또한 어려워져 생태계에 적지 않은 영향을 미친다.

사진 6-8 잠실 수중보.

그림 6-7 정선, 〈광진〉, 영조 17년(1741) 비단에 채색 31.5×20.0cm 〈경교명승첩〉 간송미술관 소장.

사진 6-9 오늘날 광나루 주변. 호텔과 아파트가 즐비하다.

그림 6-8 정선, 〈압구정〉, 영조17년(1741) 비단에 채색 31.0×20.0cm 〈경교명승첩〉 간송미술관 소장.

　상전벽해의 최고봉을 꼽으라면 단연 〈압구정(狎鷗亭)〉이다.
　압구정은 조선 세조 권신인 한명회(1415~1487)가 세운 정자를 가
리킨다. 이는 한명회의 호이기도 한데, 송나라의 재상이었던 한기(韓
琦)가 나이가 들어 정계에서 물러나 한가롭게 갈매기와 친하게 지내
면서 머물던 그의 서재 이름을 압구정이라 했던 고사에서 따온 것이
다. 그림 중앙에 우뚝 솟은 바위 위에 위치한 정자가 압구정이다. 이
정자는 한명회가 연산군에 의해 부관참시 당한 후, 여러 주인을 거치
다가 조선 말기의 정치가 박영효의 소유가 되었다. 하지만 박영효가
갑신정변의 주모자 중 한 명이라는 이유로 파괴되고 말았다. 현재는
압구정동 현대아파트 72동과 74동 사이에 표지석으로만 남아 있다.

강남 아파트의 시작

사진 6-10 서울 압구정 풍경.

조선시대 모사(謀士) 한명회가 노년을 보낸 정자에서 유래한 압구정은 개발시대 이전에는 주변이 대부분 과수원과 채소밭이었다. 하지만 제3한강교가 놓이면서 압구정 일대는 강남의 노른자위 땅으로 부상했고 대단지 '압구정 현대아파트'가 모습을 드러내기 시작했다.

〈동국여지승람(東國輿地勝覽)〉을 보면 남산의 원래 이름은 목멱산이라고 나와 있다. 따라서 정선의 〈목멱조돈(木覓朝暾)〉에서 '목멱'은 남산을 가리키는 말임을 알 수 있다. 〈목멱조돈〉은 지금의 가양동 쪽에서 바라보며, 남산 너머로 떠오르는 크고 붉은 해를 그린 그림이다.

정선이 영조 16년 1740년 초가을, 예순다섯되던 해에 양천현령으로 부임해 갔는데, 그다음 해인 1741년 봄에 이러한 모습으로 남산에서 해가 뜨는 광경을 처음 보게 되었을 것이다. 예순이 넘도록 평생 북악산과 인왕산 아래에서만 남산을 바라보고 살았는데, 만년에 양천에 부임해 와서 남산의 두 봉우리가 뒤바뀌는 것처럼 보이는 새

그림 6-10 정선, 〈목멱조돈〉, 영조 17년(1741), 간송미술관.

로운 광경이 무척 놀라웠을 것이다. 게다가 남산 뒤로 해가 떠오르는 모습까지 보았으니 감흥을 그림으로 남기지 않을 수 없었을 것이다.

겸재는 이 그림을 진경시의 대가이자 그가 평생의 벗으로 사귄 사천 이병연(李秉淵)의 시와 맞바꾸었다. 겸재가 양천으로 발령을 받자 둘은 한양에서 헤어지며 '시화환상간(詩畵換相看)'을 약속했었다. 사천이 시를 써 보내면 겸재는 그림을 그려 서로 바꿔 보는 것이다. 양천은 지금의 가양동인데, 당시는 서울이 아니라 경기도였다. 가까이 지내던 친구가 먼 곳으로 간다는 아쉬움에 이렇게라도 금란지교를 지키고 싶었을 것이다.

양천에 부임한 지 얼마 지나지 않아 사천은 멀리 있는 친구에게 편지를 썼다.

> 홀로 떨어져 있다 말하지 말게.
> 양천에 흥이 넘칠 터이니…….

겸재는 곧 붓을 들어 양천현의 관아 풍경을 그려 사천에게 답했는데, 그 그림이 바로 〈양천현감(楊川縣監)〉이다. 지금의 서울 강서구 가양1동 239번지 일대 주택가에 해당하는 곳이다.

한양에서 멀리 떨어진 곳으로 부임된 것이 마음에 걸렸으나 양천의 수려한 풍광은 겸재를 기쁘게 했다. 밝은 태양과 냇물이 아름답다는 '양천(陽川)'의 뜻 그대로였다. 그리고 겸재는 〈경교명승첩〉 외에 〈양천8경〉이라는 명작을 남겼다. 그 절경을 지금은 흔적도 찾을 수 없지만 우리는 겸재 덕분에 그림으로라도 당시 절경을 감상할 수 있게 되었다.

그림 6-11 정선, 〈양천현감〉, 제작연도 미상, 간송미술관.

그림 6-12 정선, 〈경교명승첩-미호〉, 1741년, 간송미술관 소장.

다름과 같음이 공존하는
그림 속 한양과 오늘날의 서울

정선의 작품을 통해 마치 터널을 지나오는 듯 서울의 과거와 오늘날을 비교하여 보았다. 겸재 정선의 작품 속에서 오늘날의 경관을 하나 둘씩 찾아가면서 정선이 추구했던 '있는 그대로의 사과를 그릴 수 있는' 다시 말해 자신을 둘러싼 주변 환경에 대한 겸허한 관찰과 관심이 오늘날 우리에게 필요한 자세가 아닌가 하는 생각이 든다. 물질만능주의를 살아가는 우리의 주변에서는 개발, 투자 등을 빌미로 있는 그대로의 삶의 환경이 주는 장점을 깨닫지 못한 채 활용하고 바꾸어야만 발전되었다고 보는 경향이 있다. 바쁜 현대인의 삶을 산다는 이유로 우리는 나를 둘러싸고 있는 주변의 경치가 세계 제일이라는 진경시대의 자존의식을 버린 채 주변 환경을 '먹기 위한 사과'로 만들었는지 모른다. 겸재 정선이 작품을 통해 후대에게 남기는 또 하나의 가르침이 아니었을까.

大饗 李仲燮

7교시

대향 이중섭의 그림으로 본
한국 근현대사

대향 이중섭(1916~1956)은 평안남도 평원군에서 태어났다. 오산고등보통학교 입학 후 당시 미술 교사였던 임용련 화가의 지도를 받으면서 화가의 길을 걷게 되었다. 1937년 일본으로 건너가 분카학원 미술과에 입학하였고 재학 중 독립전과 자유전에 출품하여 각광을 받았다. 1945년 원산에서 야마모토와 결혼하여 두 아들을 두었고 미술 교사로 일하기도 했다. 6·25 전쟁 후 원산을 떠나 제주도를 거쳐 부산에 자리를 잡았으나 이 무렵 부인과 두 아들은 일본 동경으로 건너갔고, 이중섭은 부산, 통영 등을 전전했다. 1953년 밀항하여 가족들을 만났으나 굴욕적인 처가살이가 싫어 홀로 돌아왔다. 이후 줄곧 가족과의 재회를 염원하다 1956년 정신이상과 영양실조로 40세에 적십자병원에서 사망했다.

　1910년 8월 29일 일제는 '한일합병조약'으로 대한제국의 국권을 강제로 빼앗았다. 그리고 우리 민족을 감시 및 억압하기 위해 강력한 헌병경찰제를 실시한다. 이러한 공포스러운 무단통치가 극에 치닫던 1916년 대향(大郷) 이중섭(李仲燮, 1916~1956)은 평안남도 평원(平原)군 대지주 집안의 2남 1녀 중 막내로 태어났다.

　이중섭의 위로는 열두 살 위의 형(중석)과 일곱 살 위의 누나(종숙)가 있었다. 이중섭의 집안은 대대로 넓은 땅을 소유한 대지주 집안이었고 외가도 평양 중심가의 부유한 자본가 집안이었다. 그러나 이중섭의 부친은 이중섭이 다섯 살 되던 해인 1920년 서른 살의 젊은 나이로 세상을 떠나게 되고 이중섭은 평양의 외가에서 대부분의 어린 시절을 보내게 된다. 열두 살 위의 형 중석은 강한 카리스마를 가지고 있었는데 반해 이중섭은 아버지 없이 홀어머니 밑에서 자란 탓이기도 하지만 천성적으로 외로움이 많은 내성적 성격의 소유자였다. 이중섭은 어릴 적부터 미술에 재능을 보였는데 외할아버지가 먹으라고 준 사과를 바로 먹지 않고 그림을 그린 후 먹었다는 일화에서도 볼 수 있듯이 미술에 대한 재능이 뛰어났다.

그림 7-1 이중섭, 〈황소〉, 1953년경.

오산학교와 동경유학

└ 고구려 벽화를 보다

이중섭은 여덟 살이 되던 해, 평양의 종로공립보통학교를 입학한다. 그리고 이때는 이중섭의 예술관과 역사관 형성에 있어 중대한 의미를 가지는 시기였다. 평양은 장수왕 15년(427년) 국내성에서 평양으로 수도를 천도한 후 668년 신라에게 멸망할 때까지 250여 년간 고구려의 수도였기 때문에 평양 일대에는 강서대묘, 강서중묘, 수산리 벽화분, 쌍영총 등 고구려 고분이 집중적으로 분포했다. 당시 평양의

국권 침탈과 무단통치(1910년대)

일본은 1868년 메이지유신이 성공하면서 동북아시아에서 가장 먼저 근대적 국가로 발전하게 된다. 그리고 동북아시아의 주도권을 잡기 위해 대륙 진출의 전초 기지라 할 수 있는 한반도 침략은 필연적이었다. 일본은 1875년 운요호 사건을 빌미로 1876년 조선과 강화도조약(조일수호조규)을 체결하게 되고 이로써 조선 침략의 첫발을 내딛는다. 이후 일본은 청일전쟁과 러일전쟁의 승리로 한반도에서의 주도권을 잡게 되고, 1905년 2차 한일협약(을사조약)을 통해 대한제국의 외교권을 박탈함으로 조선을 실질적으로 식민 지배를 하게 된다. 1907년 헤이그 밀사사건을 구실로 고종을 강제 퇴위시키고, 결국 1910년 8월 29일 한일합방조약을 맺음으로써 대한제국의 주권을 완전히 박탈한다.

1910년 한일 합방부터 1919년 3·1운동 발생 전까지 시기를 무단통치기 혹은 헌병경찰통치기라고 한다. 조선총독부는 민족 지도자들을 체포, 투옥, 학살했고 집회는 물론 언론, 출판의 자유까지 박탈했다. 한글 신문들은 줄줄이 폐간되었고, 학교에서는 교원들이 착검과 제복을 착용하게 함으로써 강압적 분위기를 조성했다. 특히 토지조사사업을 통해 조선의 토지 약 40%를 동양척식회사에 강제 편입시킨다.

1910년대에는 국내에서 독립운동이 꾸준히 일어났다. 안창호, 신채호 등은 1907년 신민회를 조직하고 학교를 세워 민족의식을 고취시키는 한편 국외에서는 독립전쟁을 준비했다. 그러나 1911년 105인 사건으로 신민회가 실질적으로 해체되자 국내에서의 독립운동은 약화되는 한편 해외 독립운동이 활발히 전개된다. 그리고 제1차세계대전 후 미국 윌슨대통령의 민족자결주의 원칙에 영향을 받아 한반도 전역에서는 일제의 강압과 수탈에 분노한 민중들이 1919년 3·1운동을 통해 폭발하게 된다.

사진 7-1 한일합방 직후 경복궁 걸린 일장기.

사진 7-2 3·1운동.

학교들은 소풍을 고구려 고분으로 가 는 경우가 많았는데 이는 일제 치하 에서 잊혀 가는 우리의 역사를 일깨 우기 위한 것이었다. 이중섭도 자연스 럽게 고구려 고분 벽화를 쉽게 접할 수 있었고 그의 작품 세계는 물론 역 사관에도 지대한 영향을 미치게 된다.

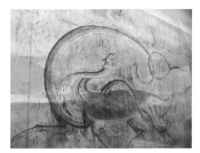

그림 7-2 강서대묘 현무도.

이중섭의 고구려 벽화에 대한 열정은 지인들의 증언과 그의 작품을 통해 알 수가 있다. 이중섭은 평생 벽화 제작을 꿈꿔 왔고 그 꿈은 1945년 서울에 있는 미도파 백화점 지하에 벽화를 제작함으로 이루

그림 7-3 이중섭, 〈흰 소〉, 1954년.

사진 7-3 이중섭.

어졌다. 벽에 그린 그림은 천도(天挑) 나무와 나뭇가지마다 아이들이 매달린 모습을 그렸는데 그림값으로 받은 돈으로 불상, 연적, 도자기, 촛대, 목공예품 등을 사들였다. 해방을 틈타 우리나라 고유의 물건들이 외국인의 손에 헐값으로 넘어가는 것을 보고 분노했던 것이다. 이처럼 그는 한국 전통을 아끼고 사랑했다. 그는 죽을 때까지 대형 벽화 제작에 대한 열망을 잊지 않

민족의 분열, 문화 통치(1920년대)

사진 7-4 상해임시정부 청사.

1919년 3·1운동 이후부터 1931년 만주사변 이전까지 시기를 문화통치라고 한다. 일본은 비폭력주의 독립운동인 3·1운동을 무력 진압한 후 국제 여론이 악화되자 일부 유화 정책을 시행하는 동시에 친일파 양성을 통한 민족분열정책을 펼친다. 헌병경찰제에서 보통경찰제로 바꾸고, 한글 신문 발간 등 언론의 자유도 일부 허용한다. 또한 교원의 착검과 제복 착용도 폐지된다. 하지만 이는 고도의 정치적 전략으로 이 시기 경찰의 수는 3배 이상 증가하게 되고 조선일보, 동아일보 등 민족 신문이 발간되지만 철저한 검열로 삭제, 압수, 정간, 폐간은 다반사로 이뤄졌다. 이 과정에서 언론인들의 체포, 투옥이 반복적으로 이루어졌고 민족 언론들은 차츰 친일화되어 갔다. 3·1운동 직후 1919년 4월 13일 중국 상해에서 대한민국임시정부가 수립되면서 조직적인 독립운동이 시작되었다. 만주와 간도 그리고 연해주에서는 항일무장단체의 무력투쟁을 본격화한다. 1920년 6월 봉오동 전투와 10월의 청산리전투가 대표적이다. 또한 6·10만세운동(1926년)과 광주학생운동(1929년) 등 항일운동도 꾸준히 전개된다.

았다고 한다. 또한 그의 작품의 중요한 소재였던 황소의 당차고 역동적인 꼬리 선은 고구려 벽화에서 나온 것이라고 이중섭은 말했다.

└ 임용련과의 운명적 만남

1929년 이중섭은 형 중석을 따라 평양고등보통학교에 진학하려 했으나 낙방하게 된다. 대신 민족주의적 성향이 강한 평안북도 정주의 오산고등보통학교(이하 오산학교)에 입학하게 된다. 당시 오산학교의 교장은 고당 조만식이었고 수기용, 함석헌, 김기석 등 민족의식이 강한 교사들이 있었다. 그리고 여기서 이중섭은 미술 교사 임용련을 만나게 되고 이는 이중섭의 인생을 바꾸는 결정적 계기가 된다.

임용련은 1919년 3·1운동에 참여했다가 중국으로 망명한 후 미국으로 건너가 미국 예일대 미술과를 수석 졸업했다. 또한 그의 부인 백남순은 프랑스 파리에서 활동하던 화가였다. 임용련은 민족적 자주의식과 창의적이고 자유로운 사고를 이중섭에게 심어 주었다. 또한 임용련은 이중섭에게 습작의 중요성을 강조했고 이 영향으로 이중섭의 작품 중 다수가 드로잉(선묘線描 : 연필, 펜, 목탄, 크레용 등으로 그린 그림)임을 알 수 있다.

오산학교는 민족주의자인 남강

사진 7-5 임용련과 백남순.

오산고등보통학교는 현재 서울특별시 용산구 보광동에 위치한 오산 중·고등학교의 전신으로 남강 이승훈 선생이 민족정신 고취와 독립운동 인재를 양성하기 위해 설립한 민족학교이다. 사업가였던 남강 선생은 우연히 도산 안창호 선생의 〈교육진흥론〉 강연에서 "교육으로 백성을 일깨우지 않으면 독립도 있을 수 없다."라는 말에 감명을 받고 1907년 12월 24일 평안북도 정주에 오산학교를 세우게 된다. 그러나 민족 대표 33인 중 한 명이였던 남강 선생이 1919년 3·1운동으로 투옥되고 일제는 오산학교를 불태우고 폐교시켜 버린다. 김기홍 등의 노력으로 1920년 9월 4일 다시 개교했고, 1923년 남강 선생의 출감 후 종합교육기관으로서의 계획을 추진하던 중 1930년 남강 선생의 갑작스러운 죽음으로 모든 계획이 중단된다. 광복 후 6·25 전쟁으로 1953년 부산으로 옮겨 오산고등학교로 재건했다가 같은 해 서울 용산 원효로로 이전, 1956년 4월 현재의 서울 용산구 보광동으로 신축 이전하게 된다. 오산학교는 당대 대표적 지식인이라 할 수 있는 김억, 서진순, 여준, 염상섭, 유영모, 윤기섭, 이광수 등을 지도교사로 초빙하여 민족정신을 확립했고 김소월, 함석헌, 이중섭 등의 인물을 배출했다.

사진 7-6 남강 이승훈.　　사진 7-7 오산고등보통학교.

이승훈이 설립한 학교로 자유분방했고 민족을 우선했으며 기독교 정신의 실천을 추구했기에 이중섭 역시 이러한 민족정신을 자연스럽게 받아들이게 된다. 어린 이중섭의 눈에 일본에게 주권을 뺏긴 조선의 슬픈 현실이 보이기 시작하고 이때부터 이중섭은 '소'에 대한 애정을 보이게 된다. 이중섭에게 '소'는 현실에 대한 분노이자 저항의 표현이고 희망이었다. 이후 '소'는 계속된 이중섭의 중요한 소재가 된다. 일례로 풀을 뜯는 황소를 하루 종일 관찰하다가 소도둑으로 오해를 받기도 하고, 소를 좋아해 소와 입맞춤한 아이라고 소문이 날 만큼 소는 이중섭과 떼려야 뗄 수 없는 그림의 소재가 된다. 또한 일제의 한글말살정책에 대항해 'ㅈㅜㅇㅅㅓㅂ'이라는 한글자모로 그림에 서명한 예를 보아도 이중섭은 일본의 억압으로 인한 민족적 저항의식이 강했음을 알 수 있다.

└ 동방의 루오

이중섭은 1936년 오산학교를 졸업한 후 임용련의 권유로 일본의 데이코쿠(동경제국) 미술대학에 입학하지만 딱딱하고 권위적인 분위기에 적응하지 못하고 1년 뒤 좀 더 개방적이고 자유로운 분카(문화)학원으로 학교를 옮기게 된다. 이때 부인 야마모토 마사코(이남덕)도 만나게 된다. 분카학원 재학 당시 자유분방하면서도 굵고 강렬한 선과 색을 사용하던 프랑스 표현주의 화가 '루오'와 이중섭의 작품이 닮았다는 평가를 받게 되고 이후 이중섭은 '동방의 루오'란 별명을 얻게 된다.

자유미술가협회전을 통해 주목을 받아온 이중섭은 이쾌대, 문학수, 진환, 최재덕 등과 함께 1941년 조선신미술가협회를 결성한다. 일본은 1937년에는 중일전쟁을 1941년에는 태평양전쟁을 일으키게 되고. 장기간의 전쟁으로 일본의 국력 쇠퇴는 물론 전쟁물자가 부족해짐에 따라 한반도를 이른바 '병참기지화'한다. 또한 황국신민화(皇國臣民化), 내선일체(內鮮一體)를 내세우며 '민족말살정책'을 편다. 이로 인해 1940년대는 일제의 민족말살정책으로 민족미술단체운동은 물론 동아일보, 조선일보, 신동아 등 한글 신문과 잡지가 폐간되는 등 민족 정체성의 위기를 맞던 시기였다. 이런 시기 조선신미술가협회는 민족 미술을 실천하고 일제에 대항하는 유일한 조선인 미술가 단체이자 조선인 단체였다.

└ 친일파에 대한 분노

1910년에서 1918년 일제는 조선의 토지를 근대적으로 정리한다

그림 7-4 이중섭, 〈작품〉, 1940년, 제4회 자유전 출품작. 원작 망실. 프랑스 화가 루오의 영향을 받은 작품으로 루오의 굵고 강렬한 선을 느낄 수 있다.

는 명분으로 토지 조사 사업을 시행한다. 그러나 조상 대대로 당연히 경작해 오던 대부분 농민들의 경작권은 인정이 되지 않았고 대지주의 소유권만 인정되었다. 소유권이 있더라도 각 개인이 복잡한 절차를 통해 신고해야 소유권을 인정받을 수 있었기에 대부분의 농민들은 토지를 강제로 빼앗기게 된다. 이렇게

이중섭, 〈세 사람〉, 제작년도 미상.

빼앗긴 토지는 국토의 약 40%에 이르렀고 이 토지들은 동양척식주
식회사를 통해 일본인들에게 싼 값에 넘어간다.

〈세 사람〉은 일제와 지주 그
리고 친일파에 신음하는 조
선 농민(민족)들의 고단한 모습
을 표현한 것이다. 일제에게 땅
을 모조리 빼앗기고 소작농으
로 전락하게 된 농민은 또 다
시 대부분의 수확물을 대지주
에게 빼앗기게 된다. 이 작품에

황국신민화, 민족말살통치(1930년대 이후)

1931년 만주사변 이후의 시기로 일본은 한반도
를 대륙 진출을 위한 병참기지화 하는 한편 중일전
쟁(1937년)과 태평양전쟁(1941년) 도발로 부족한 인
적·물적 자원을 강제동원하기 위한 전시동원기였
다. 또한 황국신민화정책의 일환으로 한글 신문 폐
간, 조선어학회, 진단학회 해산, 한국어 과목 폐지,
신사참배, 창씨개명을 강요함으로써 역사상 유례없
는 민족문화말살정책을 저질렀다.

서 세 사람의 표정을 보면 일제와 지주 그리고 친일파에 대한 분노를 읽을 수 있다.

해방과 분단 그리고 전쟁

└ 원산 시절

  졸업과 동시에 프랑스로 유학을 가려던 이중섭은 독일의 프랑스 점령, 태평양전쟁의 발발과 형의 만류로 프랑스 유학을 포기하고 1943년 원산으로 돌아오게 된다. 한편 마사코와 결혼하여 첫아이도 얻게 되고 1945년 8월 15일 조선의 광복도 맞게 된다. 그러나 이런 기쁨도 잠시, 이중섭에게는 남북 분단이라는 비극과 함께 또 다른 비극이 찾아오게 된다. 1946년 3월 5일 북한은 토지개혁법을 발표하고 '무상 몰수·무상 분배' 원칙에 따라 토지 개혁을 실시한다. 이때 이중섭 집안의 경제적 기반인 토지를 모두 빼앗기게 되고 그의 형 중석은 원산에서 손꼽히는 부자였기에 지주계급이란 이유만으로 내무서(현재의 경찰서)로 끌려가게 되고 이후 실종되면서 이중섭은 형의 가족까지 책임지게 되었다. 그 무렵 설상가상으로 이중섭의 첫 아들이 디프테리아로 죽게 된다. 이때 죽은 아들이 천당에 갈 때 길동무할 아이들을 그린 그림이 〈두 어린이와 복숭아〉이다.

  또한 이중섭은 북한 당국으로부터 표현의 자유를 억압받자 그의 예술적 가치관에도 도전을 받게 된다. 초기 북한 공산 정권은 이중섭

그림 7-6 이중섭, 〈두 어린이와 복숭아〉, 제작연도 미상.

에게 호의적인 편이었다. 그리고 1946년 평양에서 있었던 해방기념미술전에 죽은 첫째 아들을 잃은 슬픔과 비통한 마음을 표현한 〈하얀 별을 안고 하늘을 나는 어린이〉를 출품했는데 이때 당시 소련의 미술 평론가들이 유럽의 어떤 대가들과 비교해도 손색없다고 이중섭의 그림을 극찬하면서 북한 공산 정권은 이중섭에게 공산주의 사상과 관련된 그림을 요구했고 이중섭은 사회주의 노선을 강요받게 된다.

그 무렵 원산문학가동맹에서 펴낸 해방 기념 시집 〈응향〉호에서 친구 구상의 시가 예술지상주의, 반민주주적 반동의 표상으로 규탄을 받게 되면서 표지화를 그린 이중섭은 부인이 일본인이라는 점과 함께 북한 당국으로부터 요주의 인물로 주목을 받게 되어 자유로운 활동을 할 수 없게 된다. 이 시기 북한 정권과의 이념적 갈등을 겪게 되면서 이중섭의 작품의 주제는 정치·사회·현실에 대한 직접적 표현이 거의 드러나지 않고 가족 중심적인 그림과 현실 도피적 사실적 풍경화들이 대부분을 차지하게 된다.

└ 전쟁과 피난

해방의 기쁨도 잠시 일본군의 무장 해제를 명분으로 38선을 경계로 남쪽은 미군이, 북쪽은 소련군이 주둔하게 된다. 또한 한반도 문제는 미·소공동 위원회 협상의 결렬로 유엔으로 넘어가게 되고 유엔은 남북한 총선거를 통한 정부 수립을 결정하지만 북측의 반대로 1948년 5월 10일 남한만 단독 선거가 치러지게 되고 같은 해 8월 15일 이승만 대통령을 초대 대통령으로 하는 대한민국 정부가 수립된다. 북측 또한 김일성을 수상으로 하는 조선민주주의인민공화국이 같은 해 9월 9일 수립된다. 이로써 하나의 정부를 수립하려던 노력은 수포로 돌아가고 분단의 역사가 시작된다. 그리고 1950년 6월 25일 한국전쟁이 발발하게 된다. 북한은 단 3일 만에 서울을 함락하고 파죽지세로 낙동강 전선까지 내려온다. 그러나 유엔군의 참전과 인천상륙작전으로 전세는 역전되고 북한은 압록강까지 후퇴하게 된다. 그러나 중공군의 참전으로 또 다시 전세는 역전이 된다. 이에 미군이 원제2차세계대전이 연합군의 승리로 점쳐 지자 연합군은 1943년 이집트 카이로에 서 전후문제에 대한 논의를 하게 된다. 이 회담에서 한국을 적당한 시기에 적절한 절차에 따라 독립시킬 것을 결의한다. 그 리고 1945년 2월 얄타 회담에서는 한국 의 신탁통치가 거론된다.

1945년 8월 15일 일본이 무조건 항복을 선언하자 미국과 소련은 일본군의 무장해 제를 명분 삼아 한반도를 38선 기준으로

사진 7-8 38선.

남쪽은 미군이 북쪽은 소련군이 각각 점령한다. 그리고 국제적으로 인정받지 못한 대한민국 임시정부 인사들은 개인 자격으로 귀국하게 된다. 그리고 정치권은, 김구와 이승만의 한국독 립당, 김일성과 박헌영의 조선인민공화국, 여운형과 김규식의 조선인민당 등으로 분열하게 되 고 경제 또한 식량 및 생필품 부족, 실업문제 등으로 혼란을 겪게 된다.

1945년 12월 모스크바삼상회의에서 한국을 미국·영국·소련·중국 4개국이 최고 5년 동안 신 탁 통치하기로 결정한다. 그 후 한국 임시정부 수립을 위한 미소공동위원회가 1946년, 1947 년 두 차례 열렸지만 결렬되고 미국은 한국문제를 유엔으로 이관하게 된다. 유엔은 인구비례 에 따른 총선거를 하고 통일정부 수립을 결정한다. 그러나 북한은 유엔의 결정을 거부하게 되 고 결국 유엔은 선거가 가능한 지역에서만이라도 선거를 실시하여 정부를 수립하도록 결정하 게 된다. 그리고 1948년 5월 10일 남한만의 총 선거를 실시한다. 그리고 그 해 8월 15일 이승 만을 초대 대통령으로 하는 대한민국정부가 수립된다. 한편 북한도 1948년 9월 9일 김일성을 수상으로 하는 조선민주주의인민공화국을 수립하게 된다.

자폭탄을 투하한다는 소문이 퍼지게 되고 원산에 주둔하고 있던 미 군은 후퇴를 하게 된다.

이중섭의 가족도 피난길에 오를 수밖에 없었다. 그러나 이중섭의 어머니는 "너희들은 떠나라. 나는 중석이를 두고 원산을 떠날 수가

없다."라며 단호하게 말씀하셨고 이중섭은 결국 어머니와 자신의 분신과 같은 작품들을 원산에 남겨 둔 채, 아내와 두 아들, 그리고 장조카 이영진을 데리고 피난길에 오르게 된다. 이중섭의 월남은 자기의 분신과도 같은 작품을 고스란히 원산 어머니에게 맡겨 두고 떠나온 사실에서 알 수 있듯이 전쟁으로 인한 일시적 피난의 성격을 띠고 있다. 즉 북한의 사회주의 체제에 대한 이념적 갈등으로 인한 월남이 아니라 대다수 민중들이 가족의 생명을 보전하기 위해 불가피하게 피난을 택했던 것처럼 이중섭도 그러했다.

1950년 겨울은 유난히도 혹독했다. 겨우 화물선에 몸을 실은 이중섭 일행은 피난지 부산에 도착했고 피난민 수용소로 보내졌다. 수용소 생활은 비참하기 이루 말할 수가 없었다. 이중섭은 1951년 부산보다 조금 더 따뜻한 제주도행을 결심하게 된다. 이중섭의 가족은 제주항에 도착한 후 우여곡절 끝에 서귀포에 도착하여 변두리의 작은 방을 제공받아 이중섭 부부와 두 아들이 살기 시작했다. 〈피난민과 첫눈〉은 이때의 체험을 그린 것이다.

피난민에게 주는 배급으로는 부족하여 동네 주민들이 주는 고구마와 바닷가에서 잡은 게를 반찬으로 연명하며 살았다. 훗날 이중섭의 작품에서 게는 중요한 소재가 되는데 잡아먹은 게에 대한 미안함에

그림 7-7 이중섭, 〈피난민과 첫눈〉, 1952년.

그림 7-8 이중섭, 〈섶섬이 보이는 풍경〉, 1951년.

그림 7-9 이중섭, 〈그리운 제주도 풍경〉, 1951년.

게를 그리기 시작했다고 한다. 이중섭에게 제주에서의 1년 남짓한 기간은 궁핍한 생활이었지만 정신적으로는 안정을 찾아 그림에 열중할 수 있었던 시기였으며 가족에게도 가장 행복한 시절이었다. 이중섭의 제주도 시절의 대표작인 〈서귀포의 환상〉, 〈섶섬이 보이는 풍경〉 등에서 보이는 안정된 구조와 화사한 색상을 통해 평온했던 그의 마음상태를 짐작할 수가 있다.

└ 서귀포의 환상

이중섭이 제주도에 머물던 시절 중 대표작인 〈서귀포의 환상〉은 바다 멀리 작은 섬이 보이고 귤을 주워 바구니에 넣는 아이, 귤을 옮기

그림 7-10 이중섭, 〈서귀포의 환상〉, 1951년.

는 아이, 누워 있는 아이, 새를 타고 귤을 따는 아이 등 아이들이 즐거워하며 귤을 따 모으는 모습을 그렸다. 부산 피난민 수용소의 비참한 생활에 벗어나 서귀포에서 안정을 찾은 이중섭의 마음을 느낄 수 있는 작품이다. 이중섭은 이 그림을 통해 전쟁과 굶주림 없이 가족과 함께 사는 삶을 꿈꿨지만 현실에서 이 꿈은 결코 이뤄지지 못했다.

가족과의 이별 그리고 휴전

1951년, 전선(戰線)은 휴전선 부근에서 일진일퇴하면서 굳어져 가고 있는 상황이었고 유엔군과 북한·중공군의 휴전협상이 시작되었다. 곧 전쟁이 끝날 것이라는 소문이 퍼졌고 이중섭도 원산으로 돌아가기 위해 가족과 함께 다시 부산으로 건너온다. 국방부 정훈국 종군화가단에 가입하여 작품 활동을 했지만 궁핍한 생활은 계속되었다. 궁여지책으로 부인과 두 아들은 일본인 수용소에 들어갔다가 이듬해 일본 동경의 친정으로 가면서 생이별하게 된다.

이중섭은 동료 화가의 집에서 머물며 그림을 그렸다. 전쟁 통에 캔버스와 물감이 구하기 힘들었기에 담뱃갑 속 은박지 혹은 초콜릿을 싸던 은박지에 못으로 그림을 그리기 시작했다고 한다. 이것이 바로 이중섭만의 독창적 작품인 은지화이다. 아내와 아이들에 대한 그리움과 외로움을 담은 이 선묘화는 독창성을 인정받아 뉴욕 현대미술관(MOMA)에 전시되어 있기도 하다.

이중섭, 〈가족에 둘러싸여 그림을 그리는 화가〉, 제작연도 미상.

└ 통영

1953년 7월 27일, 3년 1개월 2일 동안의 동족 간 비극은 어느 쪽에게도 승리를 안기지 못하고 휴전으로 마무리되었다. 그리고 이중섭은 돌아갈 고향을 잃게 된다. 그러던 차 일본 유학 시절부터 알고 지내던 공예작가 유강렬의 도움으로 '동양의 나폴리'라 불리는 통영으로 가게 되고 이중섭은 지역 인사들의 후원으로 경제적 안정을 찾게 되면서 창작 활동에 열중할 수 있게 된다. 전시회도 두 차례나 하는 등 그의 대표적인 유화 작품들은 대부분 이 시기에 만들어지게 된다. 살기 좋고 따뜻한 한반도의 끝자락 통영에서 생활하면서 먹고

민족의 비극, 한국전쟁

1950년 6월 25일 새벽 4시. 38선 지역에서 북한의 공격이 일제히 시작되면서 우리 민족의 최대 비극인 한국전쟁(6·25전쟁)이 시작된다.

그림 7-12 북한군 남침.

1. 북한의 거침없는 남진

북한은 단 4일 만에 서울을 점령하고, 3개월 만에 부산과 경상도 일부를 제외한 한반도 대부분의 지역을 점령한다. 유엔은 미국을 중심으로 한국전쟁의 유엔군 파병을 신속히 결의하고 16개국의 전투부대와 5개국의 의료지원부대를 파병한다. 그리고 20개국에서 물자지원을 하게 된다.

2. 인천상륙작전과 중공군의 개입

구분	국가
전투부대 (16개국)	미국, 영국, 오스트레일리아, 네덜란드, 캐나다, 뉴질랜드, 프랑스, 필리핀, 터키, 태국, 그리스, 남아프리카공화국, 벨기에, 룩셈부르크, 콜롬비아, 에티오피아.
의료지원부대 (5개국)	스웨덴, 인도, 덴마크, 노르웨이, 이탈리아.
물자지원 (20개국)	아르헨티나, 볼리비아, 브라질, 칠레, 코스타리카, 쿠바, 에콰도르, 엘살바도르, 아이슬란드, 이스라엘, 레바논, 리베리아, 멕시코, 니카라과, 파키스탄, 파나마, 파라과이, 페루, 우루과이, 베네수엘라.
계	41개국

유엔군은 맥아더 장군의 지휘하에 인천상륙작전을 성공적으로 수행하고 서울까지 탈환하게 되면서 전쟁 이전의 상태로 회복한다. 그리고 38선 이북으로 진격하지만 최대 고비를 맞게 된다. 이승만 대통령과 미국은 북진을 주장했지만 일부 국가는 38선을 넘게 되면 소련과 중국의 개입으로 제3차세계대전이 발발할 수도 있음을 우려해 북진을 반대했다. 그러나 미국 중심의 유엔은 38선 이북으로의 진격을 승인하고 유엔군은 평양까지 점령하게 된다. 이때 한국군의

그림 7-13 유엔군 참전. **사진 7-10** 서울 수복.

일부는 압록강 근처까지 진격하게 된다.

유엔군의 평양 점령에 위협을 느낀 중공군이 개입함에 따라 또 다시 전세는 역전되고, 한국군은 오산까지 후퇴했다가 다시 38도선 넘어 철원·금화 지역까지 진격한다. 그리고 소련이 휴전을 제의하게 된다.

3. 우리는 원하지 않은 휴전

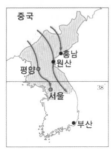

그림 7-14 중공군 참전.

사진 7-11 휴전협정.

휴전협상은 1951년 7월부터 약 2년간 지루하게 계속되었고 휴전 협상이 진행되는 동안에도 전투는 계속되고 있었다. 그리고 1953년 7월 27일 유엔군과 북한군 사이에 휴전협정이 조인됨으로써 한국전쟁은 휴전상태로 들어가게 된다.

4. 한국전쟁이 남긴 것들

한국전쟁은 남북한 합쳐 사망자 약 150만 명, 부상자 약 360만 명을 냈고, 도로 및 철도, 농지, 각종 산업시설 파괴 등 전 국토를 황폐화시켰다. 또한 남북한의 적대적 이데올로기 대립은 민족 분단을 고착화시켰고 대외적으로는 동서냉전을 격화시키는 고비가 되었다.

자는 걱정 없이 오랜만에 작품 활동에 몰입해 〈흰 소〉, 〈황소〉, 〈부부〉, 〈세병관 풍경〉, 〈선착장을 바라다 본 풍경〉 등 약 30여 점의 유화 작품을 완성할 만큼 통영은 이중섭의 예술 인생에 가장 큰 영향을 끼친 도시였다. 이 '통영 시대'는 이중섭의 역량이 총결집된 절정기라 할 수 있다.

특히 통영과 진주는 전통적 민속놀이로 소싸움이 전래되어온 곳으로 이중섭은 '소'를 주제로 많은 연작을 했는데 이는 지역적 정서에 기인한 것으로 볼 수 있다.

이중섭과 소

우리는 이중섭 하면 소 그림을 떠올리지만 사실 그의 작품을 소재별로 구분해 보면 소 그림보다는 아이들을 소재로 한 군동화가 월등히 많다. 그럼에도 불구하고 왜 사람들 머릿속에는 '이중섭 = 소'라는 공식이 각인되어 있을까? 아마도 소재의 항상성에 때문이라고 볼 수 있을 것이다. 이중섭은 어릴 적 소도둑으로 오해를 받을 정도로 소를 많이 그렸고 그의 첫 출품작인 일본 자유전의 작품의 소재도 소였다.

평생에 걸쳐 소는 그의 작품의 중요한 소재였다. 이중섭의 많은 작품들은 미완성이거나 준비작인 경우가 많다. 그러나 소를 소재로 한 작품들을 보면 완성도면에서나 사용한 재료면에서 심혈을 기울인 흔

그림 7-15 소를 소재로 한 이중섭의 그림.

적들이 역력함을 알 수 있다. 이중섭에게 소는 우리 민족의 수난과 저항 그리고 희망을 대변하는 상징물이기도 했지만 자신의 정신세계를 표현하는 매개체이기도 했다. 동양이든 서양이든 보통 소는 여성을 상징한다. 그러나 이중섭의 그림에서 소는 황소이다. 즉 남성을 표현한 것이다. 이중섭은 자신의 그림에서 황소를 자기 자신과 동일시한 것이라고 볼 수 있다.

이중섭의 대표작 〈흰 소〉는 1953년경에 제작된 것으로 마치 이중섭처럼 수염이 나 있다. 즉 흰 소는 이중섭 자신을 표현한 것이라 볼 수 있다.

그림 7-16 이중섭, 〈길 떠나는 가족〉, 1954년.

〈길 떠나는 가족〉에서는 한 남자가 소달구지에 한 여자와 두 아이 태우고 어디론가 가는 모습을 표현하고 있다. 한 아이는 꽃을 들고 있고 한 아이는 평화와 희망을 상징하는 비둘기를 잡고 있다. 또한 달구지를 끌고 있는 소 등에는 꽃으로 장식되어 있다. 이는 전쟁과 가난으로 어쩔 수 없이 일본으로 떠나보내야만 했던 가족에 대한 그리움과 가족과 함께 행복하게 살고 싶은 간절한 소망을 표현한 것이라 볼 수 있으며 또한 전쟁으로 인해 분단된 민족의 화합을 표현한 것으로 해석할 수도 있다. 그러나 길 떠나는 가족은 이중섭에게든 우리 민족에게든 현실에서는 이루지 못한 소망과 이상으로 남고 말았다. 일본에 있는 아들에게 보낸 엽서에는 다음과 같은 글이 쓰여 있다.

나의 태현, 건강하겠지. 너의 학우들도 모두 건강하고, 아빠는 전람회 준비 중이다. 아빠는 오늘 엄마, 태성이, 태현이를 소달구지에 태우고 아빠가 앞에서 황소를 끌고 따뜻한 남쪽나라로 함께 가는 그림을 그렸다. 황소 위에는 구름이다. 그럼 몸 성해라.

-아빠 중섭

미술관 옆 사회교실

펴낸날	초판 1쇄 2013년 11월 10일
	초판 10쇄 2023년 4월 27일

지은이	이두현·김순영·권미혜·태지원·전혜인·강주연·임선린
펴낸이	심만수
펴낸곳	(주)살림출판사
출판등록	1989년 11월 1일 제9-210호

주소	경기도 파주시 광인사길 30
전화	031-955-1350 팩스 031-624-1356
홈페이지	http://www.sallimbooks.com
이메일	book@sallimbooks.com

ISBN	978-89-522-2747-8 43300

살림Friends는 (주)살림출판사의 청소년 브랜드입니다.

※ 값은 뒤표지에 있습니다.
※ 잘못 만들어진 책은 구입하신 서점에서 바꾸어 드립니다.